RECUEIL
DE POÉSIES

POUR LES

JEUNES FILLES

PAR

Mme DE WITT

NÉE GUIZOT

PARIS

LIBRAIRIE HACHETTE ET Cie

79, BOULEVARD SAINT-GERMAIN, 79

RECUEIL DE POÉSIES

POUR LES

JEUNES FILLES

PAR

Mme DE WITT

NÉE GUIZOT

PARIS
LIBRAIRIE HACHETTE ET CIE
79, BOULEVARD SAINT-GERMAIN, 79

RECUEIL
DE POÉSIES
POUR LES
JEUNES FILLES

PARIS. — IMPRIMERIE E. MARTINET, RUE MIGNON, 2

RECUEIL
DE POÉSIES

POUR LES

JEUNES FILLES

PAR

MME DE WITT

NÉE GUIZOT

DEUXIÈME ÉDITION

PARIS
LIBRAIRIE HACHETTE ET CIE
79, BOULEVARD SAINT-GERMAIN, 79

1880

PRÉFACE

J'ai eu entre les mains plusieurs choix de poésies destinés aux jeunes filles ; aucun ne m'a jamais pleinement satisfaite. Comme les recueils du même genre composés pour les colléges, ceux-là visent uniquement à faire connaître aux jeunes personnes la littérature classique de notre langue, classiques de tous les siècles et de tous les genres, il est vrai, mais dans le choix desquels on n'a pas tenu assez compte des goûts particuliers, des tendances et des besoins d'imagination de la jeunesse. On veut orner sa mémoire, on ne cherche pas à éveiller le sentiment du beau, et à diriger dans la bonne voie ce noble désir de l'admiration si profondément empreint dans es âmes bien nées.

C'est là précisément ce que j'ai tenté de faire dans le volume que j'offre ici aux mères et aux filles. J'ai relu bien des livres, j'ai souvent été obligée de choisir, chez certains auteurs, des vers d'une inspiration plus pure ou plus élevée que leurs tendances habituelles et qui ne donnent par conséquent pas toujours une idée littéraire bien exacte de leur génie; la proportion obligatoire d'un volume m'a obligée de renoncer à la poésie dramatique proprement dite qui m'eût entraînée trop loin, mais j'ai partout et dans tous mes choix poursuivi le même but. J'ai cherché de siècle en siècle, parmi les noms illustres ou obscurs, restés célèbres ou presque oubliés, ce qui pouvait plaire aux jeunes esprits, les frapper, les entraîner vers le bien, leur faire aimer la poésie enfin, dans ce qu'elle représente de plus pur et de plus élevé; c'est une des jouissances les plus vives que je connaisse; si je puis la faire goûter à celles qui entrent dans la vie, je trouverai une vraie satisfaction à seconder les mères en aidant les filles à marcher dans un sentier charmant qui peut devenir dangereux à qui s'y aventurerait sans guide.

Guizot de Witt.

RECUEIL DE POÉSIES

POUR LES

JEUNES FILLES

LE RETOUR DU BEAU TEMPS

Le temps a laissé son manteau
De vent, de froidure et de pluye,
Et s'est vestu de broderye
De soleil luisant, clair et beau.
Il n'y a beste, ne oyseau
Qu'en son jargon ne chante ou crye :
« Le temps a laissé son manteau
De vent, de froidure et de pluye! »

Rivière, fontaine et ruisseau
Portent en livrée jolye
Gouttes d'argent d'orfévrerie;
Chascun s'habille de nouveau :
Le temps a laissé son manteau
De vent, de froidure et de pluye.

Les fourriers d'Esté sont venus
Pour appareiller son logis,
Et ont fait tendre ses tappis
De fleurs et verdure tissus.

En estendant tappis velus
De vert herbe par le païs,
Les fourriers d'Esté sont venus
Pour appareiller son logis.
Cœurs, d'ennuy piéça [1] morfondus,
Dieu mercy, sont sains et jolis;
Allez vous en, prenez païs,
Hyver, vous ne demeurez plus :
Les fourriers d'Esté sont venus
Pour appareiller son logis.

CHARLES D'ORLÉANS.
1391-1465.

ÉPITAPHE DE LAURE

Chantée par PÉTRARQUE.

En petit lieu comprins [2] vous pouvez voir
Ce qui comprend beaucoup par renommée :
Plume, labeur, la langue et le sçavoir
Furent vaincus de l'amant par l'aimée.
O gentille âme! et si fort estimée
Qui te pourra louer qu'en se taisant?
Car la parole est toujours réprimée
Quant le sujet surmonte le disant!

FRANÇOIS Ier.
1494-1547.

1. Déjà. — 2. Compris.

LE LIEUTENANT CRIMINEL

ET SAMBLANÇAY

Lorsque Maillart, juge d'enfer, menait
A Montfaucon Samblançay [1] l'âme rendre,
A votre avis lequel des deux tenait
Meilleur maintien? Pour le vous faire entendre,
Maillart semblait homme que mort va prendre,
Et Samblançay fut si ferme vieillard
Que l'on cuydait, pour vrai, qu'il menât pendre
A Montfaucon le lieutenant Maillart.

CLÉMENT MAROT.
1493-1554.

ÉPITRE AU ROY

POUR AVOIR ÉTÉ DÉROBÉ

On dit bien vrai, la mauvaise fortune
Ne vient jamais qu'elle n'en apporte une
Ou deux ou trois avecques elles, Sire;
Votre cœur noble en saurait bien que dire !

---

1. Surintendant des finances de François Ier, injustement condamné pour malversations.

Et moi chétif qui ne suis roy, ni rien,
L'ai éprouvé, et vous conterai bien,
Si vous voulez, comment vint la besogne.
J'avais un jour un valet de Gascogne,
Gourmand, ivrogne, et assuré menteur,
Pipeur, larron, jureur, blasphémateur,
Sentant la hart à cent lieues à la ronde,
Au demeurant le meilleur fils du monde.
. . . .

Ce vénérable ilot [1] fut averti
De quelque argent que m'aviez départi,
Et que ma bourse avait grosse apostume;
Il se leva plutôt que de coutume,
Et va me prendre en tapinois icelle;
Puis vous la met très-bien sous son esselle,
Argent et tout (cela se doit entendre);
Et ne crois point que ce fut pour la rendre,
Car oncques puis n'en ai ouï parler.

Bref, le vilain ne s'en voulut aller
Pour si petit [2], mais encore il me happe
Saye [3], bonnets, chausses, pourpoint et cappe;
De mes habits, en effet, il pilla
Tous les plus beaux; et puis s'en habilla
Si justement, qu'à le voir ainsi estre,
Vous l'eussiez pris, en plein jour, pour son maistre.
Finalement, de ma chambre il s'en va
Droit à l'étable, où deux chevaux trouva;
Laisse le pire, et sur le meilleur monte,
Pique et s'en va. Pour abréger le conte,

1. *Ilote*, serviteur, en souvenir de ceux de Sparte. — 2. Peu.
— 3. Veste.

ÉPITRE AU ROY.

Soyez certain qu'au partir audit lieu
N'oublia rien, fors à me dire adieu.

Ainsi s'en va chatouilleux de la gorge,
Ledit valet, monté comme un saint George;
Et vous laissa monsieur dormir son saoul
Qui au réveil n'ent sçu finer [1] d'un soul.
Ce monsieur-là, Sire, c'était moi-même,
Qui, sans mentir, fus au matin bien blesme,
Quand je me vis sans honneste vesture,
Et fort fâché de perdre ma monture.
Mais de l'argent que vous m'aviez donné
Je ne fus point de le perdre étonné;
Car votre argent, très-débonnaire prince,
Sans point de faute, est sujet à la pince [2].

Bientost après cette fortune-là,
Une autre pire encore se mesla
De m'assaillir, et chaque jour m'assaut,
Me menaçant de me donner le saut,
Et de ce saut m'envoyer à l'envers,
Rimer sous terre, et y faire des vers.

C'est une longue et lourde maladie
De trois bons mois, qui m'a toute étourdie
La pauvre teste, et ne veut terminer;
Ains me contraint d'apprendre à cheminer,
Tant faible suis. Bref, à ce triste corps,
Dont je vous parle, il n'est demeuré, fors
Le pauvre esprit qui lamente et soupire,
Et en pleurant tasche à vous faire rire.

1. Financer. — 2. A être pris

Voilà comment depuis neufs mois en ça
Je suis traité. Or ce que me laissa
Mon larronneau, longtemps a l'ai vendu ;
Et en sirops et juleps dépendu [1] :
Ce néanmoins, ce que je vous ne mande
N'est pour vous faire ou requeste ou demande
Je ne veux point tant de gens ressembler
Qui n'ont souci autre que d'assembler [2].
Tant qu'ils vivront ils demanderont, eux;
Mais je commence à devenir honteux.
Et ne veux plus à vos dons m'arrêter.

Je ne dis pas, si vouliez rien prester,
Que ne le prenne. Il n'est point de presteur
S'il veut prester, qui ne fasse un debteur;
Et sçavez-vous, Sire, comment je paie?
Nul ne le sçait, si premier ne l'essaie.
Vous me devrez, si je puis, du retour;
Et je vous veux faire encore un bon tour.
A cette fin qu'il n'y ait faute nulle,
Je vous ferai une belle cédulle,
A vous payer, sans usure s'entend,
Quand on verra tout le monde content;
Ou si voulez, à payer ce sera
Quand votre los [3] et renom cessera.
Et si sentez que sois faible de reins
Pour vous payer, les deux princes lorrains
Me plègeront. Je les pense si fermes,
Qu'ils ne faudront [4] pour moi à l'un des termes.
Je sçai assez que vous n'avez pas peur
Que je m'enfuie, ou que je sois trompeur;

---

1. Dépensé. — 2. D'accumuler. — 3. Louange. —
4. Manqueront, faire défaut.

SONNET.

Mais il fait bon assurer ce qu'on preste :
Bref votre paye ainsi que je l'arrête
Est aussi sûre, avenant mon trépas,
Comme avenant que je ne meure pas.
Avisez donc, si avez le désir
De rien prester, vous me ferez plaisir ;
Car puis un peu j'ai basti à Clément,
Là où j'ai fait un grand déboursement ;
Et à Marot qui est un peu plus loin :
Tout tombera qui n'en aura le soin.

Voilà le point principal de ma lettre :
Vous sçavez tout, il n'y faut plus rien mettre.
Rien mettre, las ! certes et si ferai ;
En ce faisant mon style j'enflerai,
Disant : « O vrai amoureux des neuf muses !
Roi en qui sont leurs sciences infuses,
Roi, plus que Mars, d'honneur environné ;
Dieu tout-puissant te doint[1], pour t'étrenner,
Les quatre coins du monde à gouverner,
Tant pour le bien de la ronde machine,
Que pour autant que sur tous en es digne.

CLÉMENT MAROT.

SONNET.

Si notre vie est moins qu'une journée
En l'éternel, si l'an qui fait le tour
Chasse nos jours sans espoir de retour,
Si périssable est toute chose née,

1. Donne.

SONNET.

Que songes-tu, mon âme emprisonnée ?
Pourquoi te plait l'obscur de notre jour,
Si, pour voler en un plus clair séjour,
Tu as au dos l'aile bien empennée[1] ?

Là est le bien que ton esprit désire,
Là le repos où tout le monde aspire,
Là est l'amour, là le plaisir encore.

Là, ô mon âme ! au plus haut ciel guidée
Tu y pourras reconnaître l'idée
De la beauté qu'en ce monde j'adore.

JOACHIM DU BELLAY.
1524-1560.

SONNET

Heureux qui comme Ulysse a fait un beau voyage,
Ou comme cestui-là qui conquit la toison,
Et puis est retourné, plein d'usage et raison,
Vivre entre ses parents le reste de son âge !

Quand reverrais-je, hélas ! de mon petit village
Fumer la cheminée ! et en quelle saison
Reverrai-je le clos de ma pauvre maison
Qui m'est une province et beaucoup davantage ?

---

1. Emplumée.

Plus me plait le séjour qu'ont bâti mes aïeux
Que des palais romains le front audacieux.
Plus que le marbre dur me plait l'ardoise fine

Plus mon Loire gaulois que le Tibre latin,
Plus mon petit Liré que le mont Palatin,
Et plus que l'air marin la douceur angevine.

JOACHIM DU BELLAY.

SONNET

Cejourd'hui, du soleil la chaleur altérée
A jauni le long poil de la blonde Cérès.
Ores, il se retire, et nous gagnons le frais
(Ma Marguerite et moi) de la douce sérée [1].

Nous traçons dans les bois quelque voie égarée ;
Amour marche devant, et nous marchons après.
Si le vert ne nous plait des épaisses forêts,
Nous descendons pour voir la couleur de la prée [2].

Nous vivons franc d'émoi, et n'avons point souci
Des rois, ni de la cour, ni des villes aussi.
— O Médoc, mon pays, solitaire et sauvage !

1. Soirée. — 2. Prairies.

Il n'est point de pays plus plaisant à mes yeux !
Tu es au bout du monde et je t'en aime mieux :
Nous savons après tous les malheurs de notre âge.

ÉTIENNE DE LA BOÉTIE.
1530-1563.

QUATRAINS

Si en jugeant la faveur te commande,
Si, corrompu par or ou par présents,
Tu fais justice au gré des courtisans,
Ne doute point que Dieu ne te le rende.

Avec le jour, commence ta journée
De l'Éternel le saint nom bénissant ;
Le soir aussi ton labeur finissant,
Loue-le encore et passe ainsi l'année.

Dans le pourpris [1] de cette cité belle,
Dieu a logé l'homme comme en lieu saint,
Comme en un temple où luy-mesme s'est peint,
En mille endroits, de couleur immortelle.

Il n'y a coin si petit dans ce temple
Où la grandeur n'apparaisse de Dieu ;
L'homme est planté justement au milieu,
Afin que mieux partout il le contemple.

1. Le centre.

Il ne saurait ailleurs mieux le connaistre,
Que dedans soi où, comme en un miroir,
La terre il peut et le ciel mesme voir;
Car tout le monde est compris en son estre.

Ce que tu vois de l'homme n'est pas l'homme,
C'est la prison où il est enserré,
C'est le tombeau où il est enterré,
Le lit branlant où il dort un court somme.

A bien parler ce que l'homme on appelle,
C'est un rayon de la divinité,
C'est un atome éclos de l'unité,
C'est un dégoust [1] de la source éternelle.

Recognais donc, homme, ton origine,
Et brave et haut dédaigne ces bas lieux,
Puisque fleurir tu dois là haut ès cieux,
Et que tu es une plante divine.

Il t'est permis t'orgueillir de ta race,
Non de ton père ou ta mère mortel;
Mais bien de Dieu, ton vrai Père immortel
Qui t'a moulé au moule de sa face.

A l'envieux nul tourment je n'ordonne,
Il est de soy le juge et le bourreau,
Et ne fut onc de Denys le taureau
Supplice tel que celui qu'il se donne.

La calomnie en l'air n'a résidence
Ni sous les eaux ni au profond des bois,

1. Une goutte.

Sa maison est aux oreilles des roys,
D'où elle brave et flestrit l'innocence.

Quand une fois ce monstre nous attasche,
Il sait si bien ses cordillons nouer,
Que bien qu'on puisse encor les desnouer,
Restent toujours les marques de l'attasche.

De léger croire et soudain se résoudre,
Ne discerner les amys des flatteurs,
Jeunes conseils et nouveaux serviteurs,
Ont mis souvent des royaumes en poudre.

Plus n'embrasser que l'on ne peut estreindre,
Aux grands honneurs convoiteux n'aspirer,
User des biens et non les désirer ;
Ne souhaiter la mort et ne la craindre.

Je ne vis onc prudence avec jeunesse,
Bien commander sans avoir obéi ;
Estre fort craint et n'estre point haï,
Estre tyran et mourir de vieillesse.

PIBRAC.
1529-1584.

INSCRIPTION PROPOSÉE POUR UNE STATUE

DE

JEANNE D'ARC

Peux-tu bien accorder, vierge du ciel chérie,
La douceur de tes yeux et ce glaive irrité ?
— La douceur de mes yeux caresse ma patrie
Et ce glaive en fureur lui rend sa liberté.

MARIE DE GOURNAY,
Fille adoptive de Montaigne.
1566-1645.

A CASSANDRE

Mignonne, allons voir si la rose
Qui ce matin avait desclose
Sa robe de pourpre au soleil,
N'a point perdu ceste vesprée [1],
Les plis de sa robe pourprée
Et son teint au vostre pareil.

1. Ce soir.

Las ! voyez comme en peu d'espace,
Mignonne, elle a dessus la place,
Las, las, ses beautés laissé choir !
O vrayment marastre nature,
Puis qu'une telle fleur ne dure
Que du matin jusques au soir !

Donc, si vous me croyez, mignonne,
Tandis que votre âge fleuronne
En sa plus verte nouveauté,
Cueillez, cueillez vostre jeunesse.
Comme à cette fleur, la vieillesse
Fera ternir vostre beauté.

RONSARD.
1524-1585.

L'AMOUR PIQUÉ PAR UNE ABEILLE

Le petit enfant Amour
Cueillait des fleurs à l'entour
D'une ruche où les avettes [1]
Font leurs petites logettes.

Comme il les allait cueillant,
Une avette sommeillant
Dans le fond d'une fleurette,
Lui piqua la main douillette.

1. Abeilles.

L'AMOUR PIQUÉ PAR UNE ABEILLE

Sitôt que piqué se vit,
« Ah ! je suis perdu, » se dict,
Et s'en courant vers sa mère,
Lui montra sa playe amère :

« Ma mère, voyez ma main,
Ce disait Amour, tout plein
De pleurs ; voyez quelle enflure
Me fait une égratignure. »

Alors Vénus se sourit,
Et en le baisant le prit,
Et sa main lui a soufflée,
Pour guérir sa playe enflée.

« Qui t'a, dis-moi, faux garçon,
Blessé de telle façon ?
Sont-ce mes Grâces riantes,
De leurs aiguilles poignantes ?

« Nenni, c'est un serpenteau,
Qui, vers le printemps nouveau,
Vole avec deux ailerettes,
Çà et là dans les fleurettes.

« Ah ! vraiment je le cognois,
Dit Vénus, les villageois
De la montagne d'Hymète
Le surnomment Mélisette.

« Si doncques, un animal
Si petit fait tant de mal

CHANSON.

Quand son aleine espoinçonne [1]
La main de quelque personne,

« Combien fais-tu de douleur
Auprès de lui dans le cœur
De celui en qui tu jettes
Tes vénéneuses sagettes ! »

RONSARD.

CHANSON

Faite par MARIE STUART lors de son départ pour l'Écosse,
étant encore en vue des côtes de France.

Adieu, plaisant pays de France !
   O ma patrie
   La plus chérie,
Qui a nourri ma jeune enfance !
Adieu, France ; adieu mes beaux jours ;
La nef qui disjoint nos amours
N'a cy de moi que la moitié ;
Une part te reste, elle est tienne ;
Je la fie à ton amitié,
Pour que de l'autre il te souvienne.

1561.

1. Pique. — 2. Flèches.

L'HOMME DES CHAMPS

Satyre.

Bien heureux est celui qui, bien loin du vulgaire,
Vit en quelque rivage éloigné, solitaire,
Hors des grandes cités, sans bruit et sans procès,
Et qui content du sien ne fait aucun excès ;
Qui voit de son château, de sa maison plaisante,
Un haut bois, une prée [1], un parc qui le contente ;
Qui joyeux fuit le chaud aux ombrages divers,
Qui tempère le froid des rigoureux hivers
Par un feu continu ; qui tient bien ordonnée
En vivres sa maison tout le long de l'année !
Les pensers ennuyeux ne lui rident la peau,
Ne lui changent le poil, ni troublent le cerveau,
Et n'espérant plus rien et craignant peu de chose,
Son seul contentement pour but il se propose.
Il rit de la fortune et de cet or trompeur
Que l'avare en un coin dépose plein de peur.
Il prend son passe-temps de voir dedans les villes
Tant d'hommes convoiteux, tant de troupes serviles,
Courre aux biens, aux profits, aux états, aux honneurs,
Pour faire après parti des grands et des seigneurs.
Il n'est point alléché de trompeuses syrènes
Dont les cours de nos rois et des princes sont pleines.
. . . .
. . . .
Il ne voit près de lui l'horreur des grand's armées,
N'entend point la rumeur des troupes affamées,

---

1. Une prairie.

Qui mangent la substance au pauvre villageois,
Et rançonnent la ferme et les biens des bourgeois.
Le jour il ne craint rien, et dans sa maison belle,
On ne pose la nuit garde ni sentinelle.
Il n'est point désireux de hausser son renom,
Plus haut qu'entre les siens avoir toujours bon nom;
Entre les bas vallons son humble renommée,
Sans autre ambition se tient close et fermée.
Ni devant, ni derrière il n'a de gens au guet;
Il marche en tous endroits sans craindre aucun aguet;
Il est sobre et joyeux, sans prendre nourriture
Que des biens qu'en ses champs apporte la nature.
. . . .
. . . .
Ores seul il s'en va de campagne en campagne
Ores de bois en bois, de vallon en montagne,
Prenant mille plaisirs jusqu'à tant que la nuit
Ou que le temps mauvais le mène en son réduit;
Et mille beaux pensers qui lui font compagnie
Sont cause qu'ainsi seul jamais il ne s'ennuie.
Et puis se reposant dessous l'ombrage épais
D'un grand hêtre touffu, pour prendre un peu le frais,
Il oit¹ dans les forêts des vents le doux murmure
Qui semble caqueter avecques la verdure.
Il oit le gazouillis de cent mille ruisseaux
Dont les Naïades font parler les claires eaux;
Il oit mille oisillons qui sans cesse jargonnent,
Et les gais rossignols qui par dessus fredonnent;
Il oit un escadron, un essaim bourdonnant
D'abeilles qui là vont un grand bruit démenant;
Il oit sourdre² à bouillon les sources fontainières;
Il contemple le cours des bruyantes rivières :

1. Il entend. — 2. Couler.

Ce qui lui fait alors un tel désir venir
De sommeiller un peu, qu'il ne s'en peut tenir.

Un autre jour après, il fait planter la vigne,
Un autre fossoyer les beaux parcs à la ligne ;
Et, suivant la saison, comme le temps est beau,
Il fait planter le frêne, il fait planter l'ormeau,
Les pommiers, les poiriers par belles rangelées [1],
Montrant de toutes parts distances égalées,
Le sapin, la pinace aux vergers ombrageux,
Les saules et l'osier aux lieux marécageux.
. . . .
Puis, lorsque le soleil allume les chaleurs,
Il fait cueillir les fruits après les belles fleurs ;
La prune de Damas et noire et violette,
La bonne perdrigon [2], la cerise rougette,
Le bon mirecoton, l'abricot savoureux,
Le pompon, le melon, le sucrin amoureux :
Recevant le loyer de sa peine agréable
Qui plus qu'un grand trésor lui semble profitable.
Mais alors que l'automne a chassé la verdeur
Du feuillage et des fruits par une forte ardeur,
Avecques ses raisins fait cueillir ses pommes,
La poire que Pomone aussi départ aux hommes.
Oh ! qu'il est en son cœur content et satisfait,
Quand il tient un beau fruit du fruitier qu'il a fait !
Quand il tient une grappe en sa vigne choisie,
Dont la couleur combat avec la cramoisie !

Jamais il ne se fâche, il est paisible et doux,
Si quelque mouton gras ne lui mangent les loups :
En dépit il leur fait la chasse et la huée ;
Un grand peuple s'assemble, une louve est tuée ;

1. Rangées. — 2. Noms de variétés de fruits.

On en porte la hure après par les hameaux,
On reçoit des présents des riches pastoureaux [1].

Il ne craint jamais faire en la mer naufrage,
Il se rit de celui qui risque à son dommage.
Cette infidèle roue, où chacun à son tour,
Tantôt haut, tantôt bas, va tournant à l'entour,
Ne le tourmente point; pour n'être point haussée
Partant il ne voit point sa fortune abaissée.

Au soir, à son retour, il conte à la maison
Quelle peine il a prise après sa venaison,
Qu'il met lors sur la table, et prend une grand' gloire
De montrer le beau fruit de sa belle victoire.
Sa femme l'accolant [2], l'admire et le chérit,
Tous les siens en ont joie, et le ciel même en rit.

Oh! qu'il a d'aise à voir revenir pêle-mêle
Les vaches, les taureaux et le troupeau qui bêle,
Les aumailles [3] marcher pas à pas,
Et puis d'autre côté galoper le haras;
A voir les bœufs ayant achevé leur journée,
Ramener sa charrue à l'envers retournée;
Et dans sa basse-cour grand nombre de ses gens,
Chacun diversement s'employer diligens!
D'ailleurs force artisans, qui rendent témoignage
Qu'une riche abondance existe en ce ménage.

Vauquelin de la Fresnaye.
1536-1603.

1. Cultivateurs. — 2. L'embrassant. — 3. Les jeunes brebis.

ENTRÉE DES ROIS DANS LEUR VILLE

Poëme des Tragiques.

Jadis nos rois anciens, vrais pères et vrais rois,
Nourrissons de la France, en faisant quelquefois
Le tour de leur païs en diverses contrées,
Faisaient par les cités de superbes entrées.
Chacun s'esjouissait, on sçavait bien pourquoi :
Les enfants de quatre ans criaient : Vive le Roi!
Les villes emploiaient mille et mille artifices,
Pour faire comme font les meilleures nourrices,
De qui le sein fécond, si prodigue à s'ouvrir,
Veut montrer qu'il en a pour perdre et pour nourrir.
. . . .

Nos tyrans aujourd'hui entrent d'une autre sorte,
La ville qui les voit a visage de morte ;
Quand son prince la foulle, il la voit de tels yeux
Que Néron voiait Rome en l'esclat de ses feux.
Quand un tyran s'esgaie en la ville où il entre,
La ville est un corps mort, il passe sur son ventre,
Et ce n'est plus du lait qu'elle prodigue en l'air,
C'est du sang.

THÉODORE-AGRIPPA D'AUBIGNÉ.
1551-1630.

LE JUGEMENT DERNIER

Poëme des Tragiques.

Mais quoi! c'est trop chanté, il faut tourner les yeux,
Esblouys de rayons, dans le chemin des cieux.
C'est fait : Dieu vient régner; de toute prophétie
Se voit la période à ce point accomplie.
La terre ouvre son sein; du ventre des tombeaux
Naissent des enterrés les visages nouveaux :
Du pré, du bois, du champ, presque de toutes places
Sortent les corps nouveaux et les nouvelles faces.
Icy les fondemens des chasteaux rehaussés
Par les ressuscitans promptement sont percés;
Ici un arbre sent des bras de sa racine
Grouiller un chef [1] vivant, sortir une poitrine;
Là, l'eau trouble bouillonne, et puis, s'esparpillant,
Sent en soy des cheveux et un chef s'esveillant.
Comme un nageur venant du profond de son plonge,
Tous sortent de la mort comme l'on sort d'un songe.

Voicy le Fils de l'homme et du Grand Dieu le Fils,
Le voicy arrivé à son terme préfix [2].
Déjà l'air retentit et la trompette sonne,
Le bon prend assurance et le méchant s'estonne;
Les vivants sont [3] saisis d'un feu de mouvement,
Ils sentent mort et vie en un prompt changement;
En une période, ils sentent leurs extrêmes,
Ils ne se trouvent plus eux mesmes comme eux mesmes,

---

1. Une tête. — 2. Fixé d'avance pour sa venue. —
3. Première épître aux Corinthiens, ch. XV, 51, 52.

LE JUGEMENT DERNIER.   23

Une autre volonté et un autre sçavoir
Leur arrache des yeux le plaisir de se voir ;
Le ciel ravit leurs yeux ; des yeux premiers l'usage
N'eut pu du nouveau ciel porter le beau visage.
L'autre ciel, l'autre [1] terre ont cependant fini,
Tout ce qui fut mortel se perd évanoui.

Cachez-vous! changez-vous, rien mortel ne supporte
La voix de l'Éternel, sa voix puissante et forte.
Dieu paraist ; le nuage entre lui et nos yeux
S'est tiré à l'escart, il est armé de feux ;
Le ciel neuf retentit du son de ses louanges ;
L'air n'est plus que rayons, tant il est semé d'anges.
Tout l'air n'est qu'un soleil ; le soleil radieux
N'est qu'une noire nuit au regard de ses yeux ;
Car il brusle feu, au soleil il esclaire,
Le centre n'a plus d'ombre et ne fuit sa lumière.

Un grand ange s'escrie à toutes nations :
« Venez respondre icy de toutes actions !
L'Éternel veut juger. » Toutes âmes venues
Font leurs siéges en rond en la voûte des nues,
Et là, les chérubins ont au milieu planté
Un trône rayonnant de sainte majesté.

Les bons du Saint-Esprit sentent le tesmoignage,
L'aise leur saute au cœur et s'espand au visage ;
Car s'ils doivent beaucoup, Dieu leur en a fait don,
Ils sont vestus de blanc et lavés de pardon.
O tribus de Juda ! vous estes à la dextre,
Édom, Moab, Agar, tremblent à la [2] senestre.

---

1. Apocalypse, XX, 11, 12, 13 ; XXI, 1. — 2. Gauche.

Les tyrans, abattus, pâles et criminels,
Changent leurs vains honneurs aux tourmens éternels.
Ils n'ont plus dans le front la furieuse audace ;
Ils souffrent en tremblant l'impérieuse face,
Face qu'ils ont frappée, et remarquent assez
Le chef, les membres saints qu'ils avaient transpercés.
Ils le virent lié ; le voicy les mains hautes ;
Ces sévères sourcils viennent compter leurs fautes
L'innocence a changé sa crainte en majestés,
Son roseau en acier tranchant des deux côtés,
Sa croix en tribunal de présence divine.
Le ciel l'a couronné, mais ce n'est plus d'espine.
Orés [1] viennent trembler à cet acte dernier,
Les condamneurs aux pieds du juste prisonnier.
Voicy le grand héraut d'une estrange nouvelle,
Le messager de mort, mais de mort éternelle.
Qui se cache ? Qui fuit devant les yeux de Dieu ?
Vous, Caïns fugitifs, où trouverez-vous lieu ?
Quand vous auriez les vents collés sous vos aisselles,
Ou quand l'aube du jour vous presterait ses aisles,
Les monts vous ouvriraient le plus profond rocher,
Quand la nuit tâcherait en sa nuit vous cacher,
Vous enceindre la mer, vous enlever la nue,
Vous ne fuirez de Dieu ni le doigt ni la vue.

THÉODORE-AGRIPPA D'AUBIGNÉ.

1. Maintenant.

PRIÈRE A DIEU

POUR L'ÉGLISE PERSÉCUTÉE

Poëme des Tragiques.

Veux-tu longtemps laisser en cette terre ronde
Régner ton ennemi ? N'es-tu Seigneur du monde,
Toi Seigneur, qui abats, qui blesses, qui guéris,
Qui donnes vie et mort, qui tue et qui nourris !

Les moineaux ont leurs nids, leurs nids les hirondelles ;
On dresse quelque juge [1] aux simples colombelles :
Tout est mis à l'abri par le soin des mortels,
Et Dieu seul immortel n'a logis ni autels.

Tu as tout l'univers, où ta gloire on contemple,
Pour marche-pied la terre et le ciel pour un temple ;
Où te chassera l'homme, ô Dieu victorieux ?
Tu possèdes le ciel et les cieux des hauts lieux !

Nous faisons des rochers les lieux où l'on te presche,
Un temple de l'étable, un autel de la crèche ;
Eux du temple une estable aux ânes arrogants,
De la sainte maison la caverne aux brigands.

Les premiers des chrétiens priaient aux cimetières,
Nous avons fait ouïr au tombeau nos prières,
Fait sonner aux tombeaux le nom de Dieu le fort,
Et annoncé la vie au logis de la mort.

1. Petit colombier.

Tu peux faire conter ta louange à la pierre ;
Mais n'as-tu pas toujours ton marche-pied en terre ?
Ne veux-tu plus avoir d'autres temples sacrés
Qu'un blanchissant amas d'os de morts massacrés ?

Les morts te loueront-ils ? Tes faits grands et terribles
Sortiront-ils du creux de ces bouches horribles ?
N'aurons-nous entre nous que visages terreux
Murmurant ta louange aux secrets de nos creux [1] ?

En ces lieux caverneux tes chères assemblées,
Des ombres de la mort incessamment troublées,
Ne feront-elles plus résonner tes saints lieux,
Et ton renom voler des terres dans les cieux ?

Quoi ! serons-nous muets ? Serons-nous sans oreilles,
Sans mouvoir, sans chanter, sans ouïr tes merveilles ?
As-tu esteint en nous ton sanctuaire ? Non,
De nos temples vivants [2] sortira ton renom.

Tel est en cet estat le tableau de l'Église ;
Elle a les fers aux pieds, sur la géhenne [3] assise,
A sa gorge la corde et le fer inhumain,
Un psaume dans la bouche et un luth en la main.

Tu aimes de ses mains la parfaite harmonie :
Notre luth chantera le principe de vie ;
Nos doigts ne sont point doigts que pour trouver tes sons
Nos voix ne sont point voix qu'à tes saintes chansons.

1. Cavernes. — 2. De nos cœurs. — 3. Instruments de torture.

Mets à couvert ces voix que les pluyes enrouent ;
Déchaîne donc ces doigts, que sur ton luth ils jouent ;
Tire nos yeux ternis des cachots ennuyeux,
Et nous montre le ciel pour y tourner les yeux.

THÉODORE-AGRIPPA D'AUBIGNÉ.

SONNET

Sais-tu que c'est de vivre ? Autant [1] comme passer
Un chemin tortueux : ores [2] le pied te casse,
Le genou s'affaiblit, le mouvement se lasse,
Et la soif vient le teint de ta lèvre effacer.

Tantôt, il t'y convient [3] un tien ami laisser,
Tantôt enterrer l'autre ; ore il faut que tu passe
Un torrent de douleur et franchisses l'audace
D'un rocher de soupirs, fâcheux à traverser.

Parmi tant de détours, il faut prendre carrière
Jusqu'au fort de la mort, et, fuyant en arrière,
Nous ne fuyons pourtant le trépas qui nous suit :

Allons-y à regret, l'Éternel nous y traîne ;
Allons-y de bon cœur, son vouloir nous y mène ;
Plutôt qu'être traîné, mieux vaut être conduit.

CHASSIGNET (Jean-Baptiste).
1578-1620.

1. C'est comme si passait.... — 2. Maintenant. — 3. Il te faut.

STANCES

Paraphrase du Psaume CXLV.

N'espérons plus, mon âme, aux promesses du monde
Sa lumière est un verre, et sa faveur une onde
Que toujours quelque vent empêche de calmer.
Quittons ces vanités, lassons-nous de les suivre ;
    C'est Dieu qui nous fait vivre,
    C'est Dieu qu'il faut aimer.

En vain, pour satisfaire à nos lâches envies,
Nous passons près des rois tout le temps de nos vies,
A souffrir des mépris et ployer les genoux.
Ce qu'ils peuvent n'est rien ; ils sont comme nous sommes,
    Véritablement hommes,
    Et meurent comme nous.

Ont-ils rendu l'esprit, ce n'est plus que poussière
Que cette majesté si pompeuse, si fière
Dont l'éclat orgueilleux étonnait l'univers ;
Et dans ces grands tombeaux, où leurs âmes hautaines
    Font encore les vaines,
    Ils sont mangés des vers.

Là se perdent ces noms de maîtres de la terre,
D'arbitres de la paix, de foudres de la guerre ;
Comme ils n'ont plus de sceptre, ils n'ont plus de flatteurs;
Et tombent avec eux, d'une chute commune,
    Tous ceux que leur fortune
    Faisait leurs serviteurs.

MALHERBE.
1555-1628.

A M. DU PERRIER

SUR LA MORT DE SA FILLE

Ta douleur, Du Perrier, sera donc éternelle
    Et les tristes discours
Que te met en l'esprit l'amitié paternelle
    L'augmenteront toujours ?

Le malheur de ta fille au tombeau descendue
    Par un commun trépas,
Est-ce quelque dédale où ta raison perdue
    Ne se retrouve pas ?

Je sais de quels appas son enfance était pleine ;
    Et n'ai point entrepris,
Injurieux ami, de soulager ta peine
    Avecque son mépris.

Mais elle était du monde où les plus belles choses
    Ont le pire destin ;
Et rose elle a vécu ce que vivent les roses,
    L'espace d'un matin.

Puis, quand ainsi serait que, selon ta prière,
    Elle aurait obtenu
D'avoir en cheveux blancs terminé sa carrière,
    Qu'en fût-il avenu ?

Penses-tu que plus vieille en la maison céleste
    Elle eût eu plus d'accueil ?
Ou qu'elle eût moins senti la poussière funeste
    Et les vers du cercueil ?

STANCES.

La mort a des rigueurs à nulle autre pareilles ;
  On a beau la prier ;
La cruelle qu'elle est se bouche les oreilles
  Et nous laisse crier.

Le pauvre, en sa cabane où le chaume le couvre,
  Est sujet à ses lois ;
Et la garde qui veille aux barrières du Louvre
  N'en défend pas nos rois.

De murmurer contre elle et perdre patience
  Il est mal à propos ;
Vouloir ce que Dieu veut est la seule science
  Qui nous mette en repos.

MALHERBE.

STANCES

Tircis, il faut penser à faire la retraite ;
La course de nos jours est plus qu'à demi faite ;
L'âge insensiblement nous conduit à la mort :
Nous avons assez vu sur la mer de ce monde
Errer au gré des flots notre nef vagabonde ;
Il est temps de jouir des délices du port.

Le bien de la fortune est un bien périssable ;
Quand on bâtit sur elle, on bâtit sur le sable ;

Plus on est élevé, plus on court de dangers :
Les grands pins sont en butte aux coups de la tempête ;
Et la rage des vents brise plutôt le faîte
Des maisons de nos rois que les toits des bergers.

O bienheureux celui qui peut de sa mémoire
Effacer pour jamais ce vain espoir de gloire
Dont l'inutile soin traverse nos plaisirs ;
Et qui loin retiré de la foule importune,
Vivant en sa maison, content de sa fortune,
A, selon son pouvoir, mesuré ses désirs !

Il laboure le champ que labourait son père ;
Il ne s'informe point de ce qu'on délibère
Dans ces graves conseils d'affaires accablés ;
Il voit sans intérêt la mer grosse d'orages,
Et n'observe des vents les sinistres présages,
Que pour le soin qu'il a du salut de ses blés.

Roi de ses passions, il a ce qu'il désire ;
Son fertile domaine est son petit empire ;
Sa cabane est son Louvre et son Fontainebleau ;
Ses champs et ses jardins sont autant de provinces ;
Et, sans porter envie à la pompe des princes,
Se contente chez lui de les voir en tableau.

Il voit de toutes parts combler d'heur sa famille,
La javelle à plein poing tomber sous sa faucille,
Le vendangeur ployer sous le poids des paniers ;
Et semble qu'à l'envi les fertiles montagnes,
Les humides vallons et les grasses campagnes
S'efforcent à remplir sa cave et ses greniers.

Il suit aucunes fois le cerf par les foulées [1],
Dans ces vieilles forêts du peuple reculées,

---

1. Les passées du gibier.

Et qui même du jour ignorent le flambeau ;
Aucunes fois des chiens il suit les voix confuses,
Et voit enfin le lièvre après toutes ses ruses,
Du lieu de sa naissance en faire son tombeau.

Tantôt il se promène au long de ses fontaines,
De qui les petits flots font luire dans les plaines
L'argent de leurs ruisseaux avec l'or des moissons ;
Tantôt il se repose avecque les bergères,
Sur des lits naturels de mousse et de fougères,
Qui n'ont d'autre rideau que l'ombre des buissons.

Il soupire en repos l'ennui de sa vieillesse,
Dans ce même foyer où sa tendre jeunesse
A vu dans le berceau ses bras emmaillotés ;
Il tient par les moissons registre des années,
Il voit de temps en temps leurs courses enchaînées
Vieillir avecque lui les bois qu'il a plantés.

. . . .
Il contemple du port les insolentes rages
Des vents de la faveur, auteurs de nos orages,
Allumer des mutins les desseins factieux ;
Et voit en un clin d'œil, par un contraire échange,
L'un déchiré du peuple au milieu de la fange,
Et l'autre en même temps élevé dans les cieux.

S'il ne possède point ces maisons magnifiques,
Ces tours, ces chapiteaux, ces superbes portiques
Où la magnificence étale ses attraits,
Il jouit des beautés qu'ont les saisons nouvelles ;
Il voit de la verdure et des fleurs naturelles
Qu'en ces riches lambris l'on ne voit qu'en portrait.

SONNET.

Crois-moi, retirons-nous loin de la multitude,
Et vivons désormais loin de la servitude
De ces plaisirs dorés où tout le monde accourt :
Sous un chêne élevé les arbrisseaux s'ennuient,
Et devant le soleil tous les astres s'enfuient,
De peur d'être obligés de lui faire la cour.

Après qu'on a suivi sans aucune assurance
Cette vaine faveur qui nous paît d'espérance,
L'envie en un moment tous nos desseins détruit;
Ce n'est qu'une fumée, il n'est rien de si frêle;
Sa plus belle moisson est sujette à la grêle,
Et souvent elle n'a que des fleurs pour du fruit.

Agréables déserts, séjour de l'innocence,
Où loin des vanités, de la magnificence,
Commence mon repos et finit mon tourment;
Vallons, fleuves, rochers, plaisante solitude,
Si vous fûtes témoins de mon inquiétude,
Soyez-le désormais de mon contentement!

RACAN.
1589-1670.

SONNET

Le péché me surmonte, et ma peine est si grande,
Lorsque, malgré moi-même, il triomphe de moi,
Que pour me retirer du gouffre où je me voi,
Je ne sais quel hommage il faut que je te rende.

SONNET.

Je voudrais bien t'offrir ce que ta loi commande,
Des prières, des vœux et des fruits de ma foi,
Mais voyant que mon cœur n'est pas digne de toi,
Je fais de mon Sauveur une éternelle offrande.

Reçois ton Fils, ô Père, et regarde la croix,
Où près de satisfaire à tout ce que je dois,
Il te fait de lui-même un sanglant sacrifice;

Et puisqu'il a pour moi cet excès d'amitié
Que d'être incessamment l'objet de ta justice,
Je serai, s'il te plaît, l'objet de ta pitié.

OGIER DE GOMBAULT.
1576-1660.

SONNET

Mon âme, il faut partir. Ma vigueur est passée,
Mon dernier jour est dessus l'horizon.
Tu crains ta liberté. Quoi! n'es-tu pas lassée
D'avoir souffert soixante ans de prison?

Tes désordres sont grands, tes vertus sont petites;
Parmi tes maux on trouve peu de bien :
Mais si le bon Jésus te donne ses mérites,
Espère tout et n'appréhende rien.

SONNET.

Mon âme, repens-toi d'avoir aimé le monde,
Et de mes yeux fais la source d'une onde
Qui touche de pitié le monarque des rois.

Que tu serais courageuse et ravie
Si j'avais soupiré, durant toute ma vie,
Dans le désert, sous l'ombre de la croix!

FRANÇOIS MAYNARD.
1582-1646.

SONNET

Grand Dieu, tes jugements sont remplis d'équité,
Toujours tu prends plaisir à nous être propice,
Mais j'ai tant fait de mal que jamais ta bonté
Ne me pardonnera sans blesser ta justice.

Oui, mon Dieu, la grandeur de mon impiété
Ne laisse à ton pouvoir que le choix du supplice :
Ton intérêt s'oppose à ma félicité,
Et ta clémence même attend que je périsse.

Contente ton désir puisqu'il t'est glorieux,
Offense-toi des pleurs qui coulent de mes yeux ;
Tonne, frappe; il est temps; rends-moi guerre pour guerre;

J'adore en périssant la raison qui t'aigrit,
Mais dessus quel endroit tombera ton tonnerre,
Qui ne soit tout couvert du sang de Jésus-Christ?

DESBARREAUX.
1602-1673.

UN MOURANT

Un pied dans le sépulcre et tout près d'y descendre
Pour n'être au premier jour que poussière et que cendre,
Dois-je encore, ô mon Dieu, fléchir votre courroux,
    Et recourir à vous?

N'ayant à vous offrir, pour expier mon crime,
Que cette maigre, sèche et mourante victime,
Quelle immense bonté pour elle vous avez
    Si vous la recevez!

Oh! le don précieux! la magnifique offrande!
Quel présent je vous fais! Que ma ferveur est grande!
Et qu'il en est bien temps, quand déjà tout perclus,
    Le monde n'en veut plus!

Cependant, mon Sauveur, en cet état funeste,
C'est tout ce que je puis et tout ce qui me reste,
Avec mille regrets d'avoir songé si tard
    A ce triste départ.

M'y voilà parvenu, la force m'abandonne,
Je pâlis, je succombe, et tout mon corps frissonne,
Ma fin sans doute approche, et de peur d'expirer,
    Je n'ose respirer.

Ah! voici le moment que mon âme appréhende :
Au secours, mon Sauveur, permettez que je rende
Et mes derniers soupirs et mes derniers abois
    Au pied de votre croix.

PATRIX.
1585-1672.

PARAPHRASE D'UN CHAPITRE

DE L'IMITATION DE J.-C.

> « Que la vérité parle au-dedans du cœur
> sans aucun bruit de parole. »
> (Liv. III, ch. II.)

Parle, parle, Seigneur, ton serviteur écoute :
Je dis ton serviteur, car enfin je le suis;
Je le suis, je veux l'être, et marcher dans ta route
    Et les jours et les nuits.

Remplis-moi d'un esprit qui me fasse comprendre
Ce qu'ordonnent de moi tes saintes volontés,
Et réduis mes désirs au seul désir d'entendre
    Tes hautes vérités.

Mais désarme d'éclairs ta divine éloquence,
Fais la couler sans bruit au milieu de mon cœur,
Qu'elle ait de la rosée et la vive abondance
    Et l'aimable douceur.

Vous la craigniez, Hébreux, vous croyiez que la foudre,
Que la mort la suivît, et dût tout désoler,
Vous qui dans le désert ne pouviez vous résoudre
    A l'entendre parler.

Parle-nous, parle-nous, disiez-vous à Moïse,
Mais obtiens du Seigneur qu'il ne nous parle pas;
Des éclats de sa voix la tonnante surprise
    Serait notre trépas.

Je n'ai pas ces frayeurs alors que je te prie;
Je te fais d'autres vœux que ces fils d'Israël,
Et, plein de confiance, humblement je m'écrie
    Avec ton Samuel :

« Quoique tu sois le seul qu'ici-bas je redoute,
C'est toi seul qu'ici-bas je souhaite d'ouïr;
Parle donc, ô mon Dieu! ton serviteur écoute,
    Et te veut obéir. »

Je ne veux ni Moïse à m'enseigner tes voies,
Ni quelque autre prophète à m'expliquer tes lois;
C'est toi qui les instruis, c'est toi qui les envoies,
    Dont je cherche la voix.

Comme c'est de toi seul qu'ils ont tous ces lumières
Dont la grâce par eux éclaire notre foi;
Tu peux bien sans eux tous me les donner entières,
    Mais eux tous rien sans toi.

Ils peuvent répéter le son de tes paroles,
Mais il n'est pas en eux d'en conférer l'esprit,
Et leurs discours sans toi passent pour si frivoles
  Que souvent on s'en rit.

Qu'ils parlent hautement, qu'ils disent des merveilles,
Qu'ils déclarent ton ordre avec pleine vigueur ;
Si tu ne parles point, ils frappent les oreilles
  Sans émouvoir le cœur.

Ils sèment la parole obscure, simple et nue ;
Mais dans l'obscurité tu rends l'œil clairvoyant,
Et joins du haut du ciel à la lettre qui tue
  L'esprit vivifiant.

Leur bouche sous l'énigme annonce le mystère,
Mais tu nous en fais voir le sens le plus caché :
Ils nous prêchent tes lois, mais ton secours fait faire
  Tout ce qu'ils ont prêché.

Ils montrent le chemin, mais tu donnes la force
D'y porter tous nos pas, d'y marcher jusqu'au bout ;
Et tout ce qui vient d'eux ne passe pas l'écorce,
  Mais tu pénètres tout.

Silence donc, Moïse, et toi, parle en sa place,
Éternelle, immuable, immense Vérité !
Parle, que je ne meure enfoncé dans la glace
  De ma stérilité.

Parle donc, ô mon Dieu ! ton serviteur fidèle,
Pour écouter ta voix, réunit tous ses sens
Et trouve les douceurs de la vie éternelle
  En ses divins accents.

Parle pour consoler mon âme inquiétée,
Parle pour la conduire à quelque amendement ;
Parle, afin que ta gloire, toujours plus exaltée,
    Croisse éternellement.

PIERRE CORNEILLE.
1606-1684.

STANCES DE POLYEUCTE

Monologue.

Source délicieuse, en misères féconde,
Que voulez-vous de moi, flatteuses voluptés ?
Honteux attachements de la chair et du monde,
Que ne me quittez-vous, quand je vous ai quittés ?
Allez, honneurs, plaisirs qui me livrez la guerre ;
    Toute votre félicité
    Sujette à l'instabilité,
    En moins de rien tombe par terre ;
    Et comme elle a l'éclat du verre,
    Elle en a la fragilité.

Ainsi n'espérez pas qu'après vous je soupire ;
Vous étalez en vain vos charmes impuissants ;
Vous me montrez en vain, par tout ce vaste empire,
Les ennemis de Dieu pompeux et florissants.
Il étale à son tour des revers équitables

Par qui les grands sont confondus ;
Et les glaives qu'il tient pendus
Sur les plus fortunés coupables
Sont d'autant plus inévitables,
Que leurs coups sont moins attendus.

Tigre altéré de sang, Décie impitoyable,
Ce Dieu t'a trop longtemps abandonné les siens ;
De ton heureux destin vois la suite effroyable ;
Le Scythe va venger la Perse et les chrétiens ;
Encore un peu plus outre, et ton heure est venue ;
Rien ne t'en saurait garantir,
Et la foudre qui va partir,
Toute prête à percer la nue,
Ne peut plus être retenue
Par l'attente du repentir.

Que cependant Félix m'immole à sa colère ;
Qu'un rival plus puissant éblouisse ses yeux ;
Qu'aux dépens de ma vie il s'en fasse beau-père,
Et qu'à titre d'esclave il commande en ces lieux :
Je consens, ou plutôt j'aspire à ma ruine.
Monde, pour moi tu n'as plus rien ;
Je porte en un cœur tout chrétien
Une flamme toute divine,
Et je ne regarde Pauline
Que comme un obstacle à mon bien.

Saintes douceurs du ciel, adorables idées,
Vous remplissez un cœur qui vous peut recevoir ;
De vos sacrés attraits les âmes possédées
Ne conçoivent plus rien qui les puisse émouvoir.
Vous promettez beaucoup et donnez davantage :

Vos biens ne sont point inconstants ;
Et l'heureux trépas que j'attends
Ne vous sert que d'un doux passage
Pour nous introduire au partage
Qui nous rend à jamais contents.

PIERRE CORNEILLE.

AU ROI

SUR CINNA, POMPÉE, HORACE, SERTORIUS
ŒDIPE ET RODOGUNE

Qu'il a fait représenter de suite devant lui, à Versailles,
en octobre 1676.

Est-il vrai, grand monarque, et puis-je me vanter
Que tu prennes plaisir à me ressusciter,
Qu'au bout de quarante ans, Cinna, Pompée, Horace
Reviennent à la mode et retrouvent leur place ;
Et que l'heureux brillant de mes jeunes rivaux
N'ôte point leur vieux lustre à mes premiers travaux ?

Achève ; les derniers n'ont rien qui dégénère,
Rien qui les fasse croire enfants d'un autre père ;
Ce sont des malheureux étouffés au berceau,
Qu'un seul de tes regards tirerait du tombeau.
On voit Sertorius, Œdipe, et Rodogune,
Rétablis par ton choix dans toute leur fortune ;
Et ce choix montrerait qu'Othon et Suréna
Ne sont pas des cadets indignes de Cinna.

Sophonisbe à son tour, Attila, Pulchérie,
Reprendraient pour te plaire une seconde vie;
Agésilas en foule aurait des spectateurs,
Et Bérénice enfin trouverait des acteurs.
Le peuple, je l'avoue, et la cour les dégradent;
Je faiblis, ou du moins, ils se le persuadent;
Pour bien écrire encor j'ai trop longtemps écrit,
Et les rides du front passent jusqu'à l'esprit.
Mais contre cet abus que j'aurais de suffrages,
Si tu donnais les tiens à mes derniers ouvrages
Que de tant de bonté l'impérieuse loi
Ramènerait bientôt et peuple et cour vers moi!

« Tel Sophocle à cent ans charmait encore Athènes,
Tel bouillonnait encor son vieux sang dans ses veines,
Diraient-ils à l'envi, lorsqu'OEdipe aux abois
De ses juges pour lui gagna toutes les voix. »
Je n'irai pas si loin, et si mes quinze lustres
Font encor quelque peine aux modernes illustres,
S'il en est de fâcheux jusqu'à s'en chagriner,
Je n'aurai pas longtemps à les importuner.
Quoi que je m'en promette, ils n'en ont rien à craindre,
C'est le dernier éclat d'un feu prêt à s'éteindre
Sur le point d'expirer il tâche d'éblouir,
Et ne frappe les yeux que pour s'évanouir.
Souffre, quoi qu'il en soit, que mon âme ravie
Te consacre le peu qui me reste de vie;
L'offre n'est pas bien grande, et le moindre moment
Peut dispenser mes vœux de l'accomplissement.
Préviens ce dur moment par des ordres propices;
Compte mes bons désirs comme autant de services.

Je sers depuis douze ans, mais c'est par d'autres bras
Que je verse pour toi du sang dans nos combats;

J'en pleure encore un fils, et tremblerai pour l'autre,
Tant que Mars troublera ton repos et le nôtre :
Mes frayeurs cesseront enfin par cette paix
Qui fait de tant d'États les plus ardents souhaits.
Cependant, s'il est vrai que mon service plaise,
Sire, un bon mot, de grâce, au Père de la Chaise.

Pierre Corneille.

STANCES

Marquise, si mon visage
A quelques traits un peu vieux,
Souvenez-vous qu'à mon âge
Vous ne vaudrez guère mieux.

Le temps aux plus belles choses
Se plaît à faire un affront,
Et saura faner vos roses
Comme il a ridé mon front.

Le même cours des planètes
Règle nos jours et nos nuits ;
On m'a vu ce que vous êtes,
Vous serez ce que je suis.

Cependant, j'ai quelques charmes
Qui sont assez éclatans
Pour n'avoir pas trop d'alarmes
De ces ravages du temps.

STANCES.

Vous en avez qu'on adore,
Mais ceux que vous méprisez
Pourraient bien durer encore
Quand ceux-là seront usés.

Ils pourront sauver la gloire
Des yeux qui me semblent doux,
Et dans mille ans faire croire
Ce qu'il me plaira de vous.

Chez cette race nouvelle
Où j'aurai quelque crédit,
Vous ne passerez pour belle
Qu'autant que je l'aurai dit.

Pensez-y, belle marquise :
Quoiqu'un grison fasse effroi,
Il vaut bien qu'on le courtise,
Quand il est fait comme moi.

PIERRE CORNEILLE.

RONDEAU

SUR LES MÉTAMORPHOSES D'OVIDE

Mises en rondeaux par Benserade.

A la fontaine où l'on puise cette eau
Qui fait rimer et Racine et Boileau,
Je ne bois point, ou bien je ne bois guère ;
Dans un besoin, si j'en avais affaire,
J'en boirais moins que ne fait un moineau.

Je tirerai pourtant de mon cerveau
Plus aisément, s'il le faut, un rondeau,
Que je n'avale un plein verre d'eau claire
    A la fontaine.

De ces rondeaux un livre tout nouveau
A bien des gens n'a pas eu l'heur de plaire ;
Mais quant à moi, j'en trouve tout fort beau :
Papier, dorure, image, caractère,
Hormis les vers qu'il fallait laisser faire
    A la Fontaine.

CHAPELLE.
1626-1686.

RÉCIT DU CID

... Sous moi donc cette troupe s'avance,
Et porte sur son front une mâle assurance.
Nous partîmes cinq cents; mais par un prompt renfort
Nous nous vîmes trois mille en arrivant au port,
Tant, à nous voir marcher avec un tel visage,
Les plus épouvantés reprenaient de courage;
J'en cache les deux tiers, aussitôt qu'arrivés,
Dans le fond des vaisseaux qui lors furent trouvés :
Le reste, dont le nombre augmentait à toute heure,
Brûlant d'impatience, autour de moi demeure,
Se couche contre terre, et sans faire aucun bruit,
Passe une bonne part d'une si belle nuit.
Par mon commandement la garde en fait de même,
Et se tenant cachée, aide à mon stratagème;
Et je feins hardiment d'avoir reçu de vous
L'ordre qu'on me voit suivre et que je donne à tous.
Cette obscure clarté qui tombe des étoiles
Enfin avec le flux nous fait voir trente voiles;
L'onde s'enfle dessous, et d'un commun effort
Les Maures et la mer montent jusques au port.
On les laisse passer; tout leur paraît tranquille;
Point de soldats au port, point aux murs de la ville.
Notre profond silence abusant leurs esprits,
Ils n'osent plus douter de nous avoir surpris.
Ils abordent sans peur, ils ancrent, ils descendent,
Et courent se livrer aux mains qui les attendent.
Nous nous levons alors, et tous en même temps
Poussons jusques aux cieux mille cris éclatants;
Les nôtres à ces cris de nos vaisseaux répondent;

Ils paraissent armés, les Maures se confondent,
L'épouvante les prend à demi descendus ;
Avant que de combattre ils s'estiment perdus.
Ils couraient au pillage, et rencontrent la guerre ;
Nous les pressons sur l'eau, nous les pressons sur terre,
Et nous faisons courir des ruisseaux de leur sang,
Avant qu'aucun résiste ou reprenne son rang.
Mais bientôt, malgré nous, leurs princes les rallient,
Leur courage renaît, et leurs terreurs s'oublient ;
La honte de mourir sans avoir combattu
Arrête leur désordre et leur rend leur vertu.
Contre nous de pied ferme ils tirent leurs alfanges[1],
De notre sang au leur font d'horribles mélanges ;
Et la terre, et le fleuve, et leur flotte, et le port,
Sont des champs de carnage où triomphe la mort.
O combien d'actions, combien d'exploits célèbres
Sont demeurés sans gloire au milieu des ténèbres,
Où chacun, seul témoin des grands coups qu'il donnait,
Ne pouvait discerner où le sort inclinait !
J'allais de tous côtés encourager les nôtres,
Faire avancer les uns et soutenir les autres,
Ranger ceux qui venaient, les pousser à leur tour,
Et ne l'ai pu savoir jusques au point du jour.
Mais enfin sa clarté montre notre avantage ;
Le Maure voit sa perte, et perd soudain courage :
Et voyant du renfort qui nous vient secourir,
L'ardeur de vaincre cède à la peur de mourir.
Ils gagnent leurs vaisseaux, ils en coupent les câbles,
Poussent jusques aux cieux des cris épouvantables,
Font retraite en tumulte et sans considérer
Si leurs rois avec eux peuvent se retirer ;
Pour souffrir ce devoir leur frayeur est trop forte ;
Le flux les apporta, le reflux les remporte,

---

1. Leurs épées

Cependant que leurs rois, engagés parmi nous,
Et quelque peu des leurs, tous percés de nos coups,
Disputent vaillamment et vendent bien leur vie.
A se rendre moi-même en vain je les convie;
Le cimeterre au poing, ils ne m'écoutent pas;
Mais voyant à leurs pieds tomber tous leurs soldats
Et que seuls désormais en vain ils se défendent,
Ils demandent le chef: je me nomme, ils se rendent:
Je vous les envoyai tous deux en même temps;
Et le combat cessa faute de combattants.

PIERRE CORNEILLE.

A M. LA MOTHE LE VAYER

Aux larmes, Le Vayer, laisse tes yeux ouverts :
Ton deuil est raisonnable encore qu'il soit extrême,
Et lorsque pour toujours on perd ce que tu perds,
La sagesse, crois-moi, peut pleurer elle-même.

On se propose à tort cent préceptes divers
Pour vouloir d'un œil sec voir mourir ce qu'on aime;
L'effort en est barbare aux yeux de l'univers;
Et c'est brutalité plus que vertu suprême.

On sait bien que tes pleurs ne ramèneront pas
Ce cher fils que t'enlève un imprévu trépas,
Mais la perte par là n'en est pas moins cruelle.

Ses vertus le faisaient de chacun révérer;
Il avait le cœur grand, l'esprit beau, l'âme belle,
Et ce sont des sujets à toujours le pleurer.

MOLIÈRE.
1664.

ALLÉGORIE

Dans ces prés fleuris
Qu'arrose la Seine,
Cherchez qui vous mène,
Mes chères brebis.
J'ai fait pour vous rendre
Le destin plus doux,
Ce qu'on peut attendre
D'une amitié tendre;
Mais son long courroux
Détruit, empoisonne
Tous mes soins pour vous,
Et vous abandonne
Aux fureurs des loups.
Seriez-vous leur proie,
Aimable troupeau,
Vous de ce hameau
L'honneur et la joie,
Vous, qui, gras et beau,
Me donniez sans cesse,
Sur l'herbette épaisse,
Un plaisir nouveau?
Que je vous regrette!
Mais il faut céder:

ALLÉGORIE.

Sans chien, sans houlette,
Puis-je vous garder?
L'injuste fortune
Me les a ravis.
En vain j'importune
Le ciel par mes cris;
Il rit de mes craintes,
Et sourd à mes plaintes,
Houlette ni chien,
Il ne me rend rien.
Puissiez-vous, contentes,
Et sans mon secours,
Passer d'heureux jours,
Brebis innocentes,
Brebis, mes amours!
Que Pan [1] vous défende!
Hélas! il le sait:
Je ne lui demande
Que ce seul bienfait.
Oui, brebis chéries,
Qu'avec tant de soin
J'ai toujours nourries,
Je prends à témoin
Ces bois, ces prairies,
Que, si les faveurs
Du Dieu des pasteurs
Vous gardent d'outrages
Et vous font avoir,
Du matin au soir,
De gras pâturages,
J'en conserverai,
Tant que je vivrai,

1. Louis XIV, auquel est adressée cette requête en faveur de ses enfants.

SATIRE DU DINER.

La douce mémoire,
Et que mes chansons,
En mille façons,
Porteront sa gloire
Du rivage heureux
Où, vif et pompeux,
L'astre qui mesure
Les nuits et les jours,
Commençant son cours,
Rend à la nature
Toute sa parure,
Jusqu'en ces climats
Où, sans doute las
D'éclairer le monde,
Il va, chez Téthys,
Rallumer dans l'onde
Ses feux amortis.

Mme DESHOULIÈRES.
1633-1694.

SATIRE DU DINER

Quel sujet inconnu vous trouble et vous altère ?
D'où vous vient aujourd'hui cet air sombre et sévère,
Et ce visage enfin plus pâle qu'un rentier
A l'aspect d'un arrêt qui retranche un quartier[1] ?

---

1. Un arrêté royal venait de supprimer un trimestre des rentes.

Qu'est devenu ce teint dont la couleur fleurie
Semblait d'ortolans seuls et de bisques nourrie,
Où la joie en son lustre attirait les regards,
Et le vin en rubis brillait de toutes parts?
Qui vous a pu plonger dans cette humeur chagrine?
A-t-on par quelqu'édit réformé la cuisine?
Ou quelque longue pluie, inondant vos vallons,
A-t-elle fait couler vos vins et vos melons?
Répondez-donc enfin ou bien je me retire.
— Ah! de grâce, un moment, souffrez que je respire!
Je sors de chez un fat qui, pour m'empoisonner
Je pense, exprès chez lui m'a forcé de dîner.
Je l'avais bien prévu. Depuis près d'une année,
J'éludais tous les jours sa poursuite obstinée.
Mais hier il m'aborde, et me serrant la main:
« Ah! monsieur, m'a-t-il dit, je vous attends demain;
N'y manquez pas au moins. J'ai quatorze bouteilles
D'un vin vieux... Boucingo[1] n'en a point de pareilles,
Et je gagerais bien que chez le commandeur,
Villandri[2] priserait sa séve et sa verdeur.
Molière avec *Tartufe* y doit jouer son rôle,
Et Lambert, qui plus est, m'a donné sa parole.
C'est tout dire, en un mot, et vous le connaissez.
— Quoi! Lambert[3]?— Oui, Lambert.— A demain, c'est assez.
Ce matin donc, séduit par sa vaine promesse,
J'y cours, midi sonnant, au sortir de la messe,
A peine étais-je entré, que, ravi de me voir,
Mon homme, en m'embrassant, m'est venu recevoir,
Et montrant à mes yeux une allégresse entière:
« Nous n'avons, m'a-t-il dit, ni Lambert, ni Molière,
Mais, puisque je vous vois, je me tiens trop content;

---

1. Grand marchand de vin. — 2. Homme de qualité, commensal ordinaire du commandeur de Souvré. — 3. Musicien célèbre du temps.

Vous êtes un brave homme, entrez, on vous attend.»
A ces mots, mais trop tard, reconnaissant ma faute,
Je le suis en tremblant dans une chambre haute,
Où, malgré les volets, le soleil irrité
Formait un poêle ardent au milieu de l'été.
Le couvert était mis dans ce lieu de plaisance,
Où j'ai trouvé d'abord, pour toute connaissance,
Deux nobles campagnards, grands lecteurs de romans,
Qui m'ont dit tout *Cyrus*[1] dans leurs longs compliments.
J'enrageais. Cependant on apporte un potage.
Un coq y paraissait en pompeux équipage,
Qui changeant sur ce plat et d'état et de nom,
Par tous les conviés s'est appelé chapon.
Deux assiettes suivaient, dont l'une était ornée
D'une langue en ragoût, de persil couronnée;
L'autre, d'un godiveau tout brûlé par dehors,
Dont un beurre gluant inondait tous les bords.
On s'assied : mais d'abord notre troupe serrée
Tenait à peine autour d'une table carrée,
Où chacun malgré soi, l'un sur l'autre porté,
Faisait un tour à gauche, et mangeait de côté.
Jugez en cet état si je pouvais me plaire,
Moi qui ne compte rien ni le vin ni la chère,
Si l'on n'est plus au large assis en un festin
Qu'aux sermons de Cassagne ou de l'abbé Cotin.
Notre hôte, cependant, s'adressant à la troupe :
« Que vous semble, a-t-il dit, du goût de cette soupe?
» Sentez-vous le citron dont on a mis le jus
» Avec des jaunes d'œufs mêlés dans du verjus?
» Ma foi, vive Mignot[2] et tout ce qu'il apprête!»
Les cheveux cependant me dressaient sur la tête,
Car Mignot, c'est tout dire, et dans le monde entier

---

1. Roman célèbre de Mlle de Scudéry. — 2. Restaurateur à la mode.

SATIRE DU DINER.

Jamais empoisonneur ne sut mieux son métier.
J'approuvais tout pourtant de la mine et du geste,
Pensant qu'au moins le vin dût réparer le reste.
Pour m'en éclaircir donc, j'en demande, et d'abord,
Un laquais effronté m'apporte un rouge-bord
D'un auvernat fumeux qui, mêlé de lignage,
Se vendait chez Crenet [1] pour vin de l'Hermitage.
Et qui, rouge et vermeil, mais fade et doucereux,
N'avait rien qu'un goût plat et qu'un déboire affreux.
A peine ai-je senti cette liqueur traîtresse,
Que de ces vins mêlés j'ai reconnu l'adresse.
Toutefois, avec l'eau que j'y mets à foison
J'espérais adoucir la force du poison.
Mais, qui l'aurait pensé? Pour comble de disgrâce,
Par le chaud qu'il faisait, nous n'avions point de glace!
Point de glace, bon Dieu! dans le fort de l'été!
Au mois de juin! Pour moi, j'étais si transporté
Que, donnant de fureur tout le festin au diable,
Je me suis vu vingt fois prêt à quitter la table;
Et dût-on m'appeler et fantasque et bourru,
J'allais sortir enfin, quand le rôt a paru.
Sur un lièvre flanqué de six poulets étiques
S'élevaient trois lapins, animaux domestiques,
Qui, dès leur tendre enfance, élevés dans Paris,
Sentaient encor le chou dont ils furent nourris.
Autour de cet amas de viandes entassées
Régnait un long cordon d'alouettes pressées;
Et sur les bords du plat six pigeons étalés
Présentaient pour renfort leurs squelettes brûlés.
A côté de ce plat paraissaient deux salades,
L'une de pourpier jaune et l'autre d'herbes fades,
Dont l'huile de fort loin saisissait l'odorat,

---

1. Marchand de vin.

Et nageait dans des flots de vinaigre rosat.
Tous mes sots, à l'instant, changeant de contenance,
Ont loué du festin la superbe ordonnance,
Tandis que mon faquin, qui se voyait priser,
Avec un ris moqueur les priait d'excuser.
Surtout certain hâbleur, à la gueule affamée,
Qui vint à ce festin, conduit par la fumée,
Et qui s'est dit profès dans l'ordre des coteaux [1],
A fait en bien mangeant, l'éloge des morceaux.
Je riais de le voir, avec sa mine étique,
Son rabat jadis blanc et sa perruque antique,
En lapins de garenne ériger nos clapiers,
Et nos pigeons cauchois en superbes ramiers ;
Et pour flatter notre hôte, observant son visage,
Composer sur ses yeux son geste et son langage ;
Quand notre hôte charmé, m'avisant sur ce point :
« Qu'ayez-vous donc, dit-il, que vous ne mangez point?
Je vous trouve aujourd'hui l'âme tout inquiète,
Et les morceaux entiers restent sur votre assiette.
Aimez-vous la muscade? on en a mis partout.
Ah! monsieur, ces poulets sont d'un merveilleux goût;
Ces pigeons sont dodus; mangez, sur ma parole;
J'aime à voir aux lapins cette chair blanche et molle;
Ma foi, tout est passable, il le faut confesser,
Et Mignot aujourd'hui s'est voulu surpasser.
Quand on parle de sauce, il faut qu'on y raffine ;
Pour moi, j'aime surtout que le poivre y domine;
J'en suis fourni, Dieu sait ! Et j'ai tout Pelletier [2]
Roulé dans mon office en cornets de papier. »
A tous ces beaux discours j'étais comme une pierre,
Ou comme la statue est au Festin de Pierre [3];
Et sans dire un seul mot, j'avalais au hasard

---

1. Des connaisseurs. — 2. Mauvais auteur. — 3. De Molière.

Quelque aile de poulet dont j'arrachais le lard.
Cependant mon hâbleur, avec une voix haute,
Porte à mes campagnards la santé de notre hôte,
Et, tous deux pleins de joie, en jetant un grand cri,
Avec un rouge-bord, acceptent son défi.
Un si galant exploit réveillant tout le monde,
On a porté partout des verres à la ronde,
Où les doigts des laquais, dans la crasse tracés,
Témoignaient par écrit qu'on les avait rincés ;
Quand un des conviés, d'un ton mélancolique,
Lamentant tristement une chanson bachique,
Tous mes sots à la fois, ravis de l'écouter,
Détonnant de concert, se mettent à chanter.
La musique sans doute était rare et charmante ;
L'un traîne en longs fredons une voix glapissante,
Et l'autre, l'appuyant de son aigre fausset,
Semble un violon faux qui jure sous l'archet.

Sur ce point, un jambon, d'assez maigre apparence,
Arrive sous le nom de jambon de Mayence ;
Un valet le portait, marchant à pas comptés,
Comme un recteur suivi des quatre facultés.
Deux marmitons crasseux, revêtus de serviettes,
Lui servaient de massiers et portaient deux assiettes;
L'une de champignons avec des ris de veau,
Et l'autre de pois verts qui se noyaient dans l'eau.
Un spectacle si beau, surprenant l'assemblée,
Chez tous les conviés la joie est redoublée ;
Et la troupe, à l'instant, cessant de fredonner,
D'un ton gravement fou s'est mise à raisonner ;
Le vin au plus muet fournissant des paroles,
Chacun a débité ses maximes frivoles,
Réglé les intérêts de chaque potentat,
Corrigé la police et réformé l'État ;
Puis de là s'embarquant dans la nouvelle guerre,

A vaincu la Hollande ou battu l'Angleterre.
Enfin, laissant en paix tous ces peuples divers,
De propos en propos, on a parlé de vers.
Là, tous mes sots, enflés d'une nouvelle audace,
Ont jugé des auteurs en maîtres du Parnasse.
Mais notre hôte surtout, pour la justesse et l'art,
Élevait jusqu'au ciel Théophile et Ronsard ;
Quand un des campagnards, relevant sa moustache,
Et son feutre à grands poils ombragé d'un panache,
Impose à tous silence, et d'un ton de docteur :
« Morbleu ! dit-il, La Serre est un charmant auteur,
Ses vers sont d'un beau style et sa prose est coulante ;
La Pucelle [1] est encore une œuvre bien galante,
Et je ne sais pourquoi je bâille en la lisant.
Le Pays sans mentir est un bouffon plaisant,
Mais je ne trouve rien de beau dans ce Voiture.
Ma foi, le jugement sert bien dans la lecture.
A mon gré le Corneille est joli quelquefois.
En vérité, pour moi, j'aime le beau françois.
Je ne sais pas pourquoi l'on vante l'Alexandre,
Ce n'est qu'un glorieux qui ne dit rien de tendre.
Les héros chez Quinault parlent bien autrement,
Et jusqu'à : « Je vous hais », tout s'y dit tendrement.
On dit qu'on l'a drapé dans certaine satire,
Qu'un jeune homme... — Ah ! je sais ce que vous voulez dire
A répondu notre hôte : « *Un auteur sans défaut,*
La raison dit Virgile, et la rime Quinault. »
— Justement. A mon gré, la pièce est assez plate,
Et puis, blâmer Quinault... Avez-vous lu l'*Astrate*[2] ?
C'est là ce qu'on appelle un ouvrage achevé ;
Surtout l'*Anneau royal* me semble bien trouvé.
Son sujet est conduit de la belle manière,
Et chaque acte en sa pièce est une pièce entière

1. De Chapelain. — 2. De Quinault.

Je ne puis plus souffrir ce que les autres font.
— Il est vrai que Quinault est un esprit profond,
A repris certain fat, qu'à sa mine discrète
Et son maintien jaloux, j'ai reconu poëte ;
Mais il en est pourtant qui le pourraient valoir.
— Ma foi, ce n'est pas vous qui nous le ferez voir,
A dit mon campagnard avec une voix claire,
Et déjà tout bouillant de vin et de colère.
— Peut-être, a dit l'auteur, pâlissant de courroux ;
Mais vous, pour en parler, vous y connaissez-vous?
— Mieux que vous mille fois, dit le noble en furie.
— Vous? mon Dieu! mêlez-vous de boire, je vous prie,
A l'auteur sur-le-champ aigrement reparti.
— Je suis donc un sot, moi? Vous en avez menti,
Reprend le campagnard, et, sans plus de langage,
Lui jette pour défi son assiette au visage ;
L'autre esquive le coup, et l'assiette volant
S'en va frapper le mur et revient en roulant.
A cet affront, l'auteur, se levant de la table,
Lance à mon campagnard un regard effroyable ;
Et chacun vainement se ruant entre deux,
Nos braves s'accrochant se prennent aux cheveux.
Aussitôt sous leurs pieds les tables renversées
Font voir un long débris de bouteilles cassées ;
En vain à lever tout les valets sont fort prompts,
Et les ruisseaux de vin coulent aux environs.

Enfin, pour arrêter cette lutte barbare,
De nouveau l'on s'efforce, on crie, on les sépare ;
Et leur première ardeur passant en un moment,
On a parlé de paix et d'accommodement.
Mais tandis qu'à l'envi tout le monde y conspire,
J'ai gagné doucement la porte sans rien dire,
Avec un bon serment que, si pour l'avenir,
En pareille cohue on peut me retenir,

Je consens de bon cœur pour punir ma folie,
Que tous les vins pour moi deviennent vins de Brie,
Qu'à Paris le gibier manque tous les hivers,
Et qu'à peine au mois d'août l'on mange des pois verts.

BOILEAU.
1636-1711.

ÉPITRE A M. DE LAMOIGNON

AVOCAT GÉNÉRAL

Oui, Lamoignon, je fuis les chagrins de la ville,
Et contre eux la campagne est mon unique asile.
Du lieu[1] qui m'y retient veux-tu voir le tableau?
C'est un petit village ou plutôt un hameau,
Bâti sur le penchant d'un long rang de collines,
D'où l'œil s'égare au loin dans les plaines voisines.
La Seine au pied des monts que son flot vient laver
Voit du sein de ses eaux vingt îles s'élever,
Qui partageant son cours en diverses manières,
D'une rivière seule y forment vingt rivières.
Tous ses bords sont couverts de saules non plantés.
Et de noyers souvent du passant insultés.
Le village au-dessus forme un amphithéâtre.
L'habitant ne connaît ni la chaux ni le plâtre;

1. Hautisle, près la Roche-Guyon.

Et dans le roc qui cède et se coupe aisément,
Chacun sait de sa main creuser son logement.
La maison du seigneur, seule un peu plus ornée,
Se présente au dehors de murs environnée;
Le soleil en naissant la regarde d'abord
Et le mont la défend des outrages du nord.

C'est là, cher Lamoignon, que mon esprit tranquille
Met à profit les jours que la Parque me file.
Ici dans un vallon bornant tous mes désirs,
J'achète à peu de frais de solides plaisirs.
Tantôt, un livre en main, errant dans les prairies,
J'occupe ma raison d'utiles rêveries :
Tantôt, cherchant la fin d'un vers que je construi,
Je trouve au coin d'un bois le mot qui m'avait fui;
Quelquefois aux appâts d'un hameçon perfide
J'amorce en badinant le poisson trop avide;
Ou d'un plomb qui suit l'œil et part avec l'éclair,
Je vais faire la guerre aux habitants de l'air.
Une table au retour, propre et non magnifique,
Nous présente un repas agréable et rustique.
Là, sans s'assujettir aux dogmes du Broussain [1],
Tout ce qu'on boit est bon, tout ce qu'on mange est sain;
La maison le fournit, la fermière l'ordonne,
Et mieux que Bergerat [2] l'appétit l'assaisonne.
O fortuné séjour ! ô champs aimés des cieux !
Que pour jamais foulant vos prés délicieux,
Ne puis-je ici fixer ma course vagabonde,
Et connu de vous seuls, oublier tout le monde!

Mais à peine du sein de ces vallons chéris
Arraché malgré moi je rentre dans Paris,

---

1. Médecin du temps. — 2. Fameux cuisinier.

Qu'en tous lieux les chagrins m'attendent au passage;
Un cousin, abusant d'un fâcheux parentage,
Veut qu'encor tout poudreux et sans me débotter,
Chez vingt juges pour lui j'aille solliciter.
Il faut voir de ce pas les plus considérables,
L'un demeure au Marais et l'autre aux Incurables.
Je reçois vingt avis qui me glacent d'effroi :
— Hier, dit-on, de vous on parla chez le roi,
Et d'attentat horrible on traita la satire.
— Et le roi, que dit-il? — Le roi se prit à rire.
Contre vos derniers vers on est fort en courroux :
Pradon a mis au jour un livre contre vous,
Et chez le chapelier du coin de notre place,
Autour d'un caudebec [1] j'en ai lu la préface.
L'autre jour sur un mot la cour vous condamna;
Le bruit court qu'avant-hier on vous assassina;
Un écrit scandaleux sous votre nom se donne :
D'un pasquin [2] qu'on a fait, au Louvre on vous soupçonne.
— Moi? — Vous ; on nous l'a dit dans le Palais-Royal. »
Douze ans sont écoulés depuis le jour fatal
Qu'un libraire imprimant les essais de ma plume,
Donna, pour mon malheur, un trop heureux volume.
Toujours, depuis ce temps, en proie aux sots discours,
Contre eux la vérité m'est un faible secours.
Vient-il de la province une satire fade,
D'un plaisant du pays insipide boutade,
Pour la faire courir, on dit qu'elle est de moi,
Et le sot campagnard le croit de bonne foi.
J'ai beau prendre à témoin et la cour et la ville :
« Non, à d'autres, dit-il, on connaît votre style.
Combien de temps ces vers vous ont-ils bien coûté?

---

1. Sorte de chapeaux qui se faisaient à Caudebec. — 2. Plaisanterie à la façon de celles qu'on jette aux pieds de la statue de Pasquin à Rome.

— Ils ne sont point de moi, monsieur, en vérité :
Peut-on m'attribuer ces sottises étranges ?
— Oh! monsieur, vos mépris vous servent de louanges. »

Ainsi de cent chagrins dans Paris accablé,
Juge, si, toujours triste, interrompu, troublé,
Lamoignon, j'ai le temps de courtiser les muses :
Le monde cependant se rit de mes excuses,
Croit que pour m'inspirer sur chaque événement,
Apollon doit venir au premier mandement.
Un bruit court que le Roi va tout réduire en poudre,
Et dans Valencienne est entré comme un foudre ;
Que Cambrai, des Français l'épouvantable écueil,
A vu tomber enfin ses murs et son orgueil ;
Que devant Saint-Omer, Nassau, par sa défaite,
De Philippe vainqueur rend la gloire complète.
« Dieu sait comme les vers chez vous s'en vont couler! »
Dit d'abord un ami qui veut me cajoler,
Et dans ce temps guerrier et fécond en Achilles,
Croit que l'on fait des vers comme l'on prend des villes.
Mais moi, dont le génie est mort en ce moment,
Je ne sais que répondre à ce vain compliment,
Et justement confus de mon peu d'abondance,
Je me fais un chagrin du bonheur de la France.

Qu'heureux est le mortel qui, du monde ignoré,
Vit content de soi-même en un coin retiré ;
Que l'amour de ce rien qu'on nomme renommée
N'a jamais enivré d'une vaine fumée ;
Qui de sa liberté forme tout son plaisir
Et ne rend qu'à lui seul compte de son loisir !
Il n'a point à souffrir d'affronts ni d'injustices
Et du peuple inconstant il brave les caprices.

Ce n'est que dans ces bois, propres à m'exciter,
Qu'Apollon quelquefois daigne encor m'écouter.

Ne demande donc plus par quelle humeur sauvage
Tout l'été loin de toi demeurant au village,
J'y passe obstinément les ardeurs du Lion [1],
Et montre pour Paris si peu de passion.
C'est à toi, Lamoignon, que le rang, la naissance,
Le mérite éclatant et la haute éloquence
Appellent dans Paris aux sublimes emplois,
Qu'il sied bien d'y veiller pour le maintien des lois.
Tu dois là tous tes soins au bien de ta patrie :
Tu ne t'en peux bannir que l'orphelin ne crie,
Que l'oppresseur ne montre un front audacieux :
Et Thémis pour voir clair a besoin de tes yeux.
Mais pour moi, de Paris citoyen inhabile,
Qui ne lui puis fournir qu'un rêveur inutile,
Il me faut du repos, des prés et des forêts.
Laisse-moi donc ici, sous leurs ombrages frais,
Attendre que septembre ait ramené l'automne,
Et que Cérès contente ait fait place à Pomone.
Quand Bacchus comblera de ses nouveaux bienfaits
Le vendangeur ravi de ployer sous le faix,
Aussitôt ton ami, redoutant moins la ville,
T'ira joindre à Paris, pour s'enfuir à Bâville [2].
Là, dans le seul loisir que Thémis t'a laissé,
Tu me verras souvent à te suivre empressé,
Pour monter à cheval rappelant mon audace,
Apprenti cavalier, galoper sur ta trace.
Tantôt sur l'herbe assis au pied de ces coteaux
Où Polycrène [3] épand ses libérales eaux,
Lamoignon, nous irons, libres d'inquiétude,
Discourir des vertus dont tu fais ton étude ;

1. Le signe du zodiaque du Lion. — 2. Maison de campagne de M. de Lamoignon. — 3. Source à laquelle M. le président de Lamoignon avait donné ce nom grec à cause de l'abondance de ses eaux.

Chercher quels sont les biens véritables ou faux ;
Si l'honnête homme en soi doit souffrir des défauts ;
Quel chemin le plus droit à la gloire nous guide,
Ou la vaste science, ou la vertu solide.
C'est ainsi que chez toi, tu sauras m'attacher ;
Heureux si les fâcheux prompts à nous y chercher,
N'y viennent point semer l'ennuyeuse tristesse !
Car dans ce grand concours d'hommes de toute espèce
Que sans cesse à Bâville attire le devoir,
Au lieu de quatre amis qu'on attendait le soir,
Quelquefois de fâcheux arrivent trois volées
Qui du parc à la fois assiégent les allées.
Alors sauve qui peut ! et quatre fois heureux
Qui sait pour s'échapper quelque antre ignoré d'eux !

BOILEAU.

COMBAT

DES CHANTRES ET DES CHANOINES CHEZ
LE LIBRAIRE BARBIN

Poëme du Lutrin.

Chez le libraire absent tout entre, tout se mêle :
Les livres sur Évrard [1] fondent comme la grêle
Qui, dans un grand jardin, à coups impétueux
Abat l'honneur naissant des rameaux fructueux.

1. L'un des chanoines.

Chacun s'arme au hasard du livre qu'il rencontre :
L'un tient l'*Édit d'amour*[1], l'autre en saisit *la Montre*.
L'un prend le seul Jonas[2] qu'on ait vu relié ;
L'autre un Tasse français en naissant oublié.
L'élève de Barbin, commis à la boutique,
Veut en vain s'opposer à leur fureur gothique ;
Les volumes sans choix à la tête jetés,
Sur le perron poudreux volent de tous côtés.
Là près d'un Guarini, Térence tombe à terre ;
Là Xénophon dans l'air heurte contre un La Serre.
Oh ! que d'écrits obscurs, de livres ignorés,
Furent en ce grand jour, de la poudre tirés !
Vous en fûtes tirés, Almérinde et Sinandre[3],
Et toi, rebut du peuple, inconnu Caloandre,
Dans ton repos, dit-on, saisi par Gaillerbois,
Tu vis le jour alors pour la première fois.
Chaque coup sur la chair laisse une meurtrissure ;
Déjà plus d'un guerrier se plaint d'une blessure.
D'un Le Vayer épais Girot est renversé,
Marineau, d'un Brébeuf à l'épaule blessé,
En sent par tout le bras une douleur amère
Et maudit la Pharsale aux provinces si chère.
D'un Pinchêne[4] in-quarto, Dodillon étourdi,
A longtemps le teint pâle et le cœur affadi.
Au plus fort du combat le chapelain Garagne,
Vers le sommet du front atteint d'un Charlemagne,
(Des vers de ce poëme effet prodigieux !)
Tout prêt à s'endormir, bâille et ferme les yeux.

BOILEAU.

1. Titres bizarres des poëmes du temps. — 2. Par Bonnecorse. — 3. Romans italiens traduits par Scudéry. — 4. Livre d'un neveu de Voiture.

LE VIEILLARD

ET LES TROIS JEUNES HOMMES

Un octogénaire plantait.
« Passe encor de bâtir, mais planter à cet âge !
Disaient trois jouvenceaux, enfants du voisinage :
Assurément il radotait.
Car, au nom des dieux, je vous prie,
Quel fruit de ce labeur pouvez-vous recueillir ?
Autant qu'un patriarche il vous faudrait vieillir.
A quoi bon charger votre vie
Des soins d'un avenir qui n'est pas fait pour vous ?
Ne songez désormais qu'à vos erreurs passées :
Quittez le long espoir et les vastes pensées ;
Tout cela ne convient qu'à nous.
— Il ne convient pas à vous-mêmes,
Repartit le vieillard. Tout établissement
Vient tard et dure peu. La main des Parques blêmes
De vos jours et des miens se joue également ;
Nos termes sont pareils par leur courte durée.
Qui de nous des clartés de la voûte azurée
Doit jouir le dernier ? Est-il aucun moment
Qui nous puisse assurer d'un second seulement ?
Mes arrière-neveux me devront cet ombrage :
Eh bien ! défendez-vous au sage
De se donner des soins pour le plaisir d'autrui ?
Cela même est un fruit que je goûte aujourd'hui ;
J'en puis jouir demain et quelques jours encore.
Je puis enfin compter l'aurore
Plus d'une fois sur vos tombeaux. »

Le vieillard eut raison. L'un des trois jouvenceaux
Se noya dès le port, allant à l'Amérique ;
L'autre, afin de monter aux grandes dignités,
Dans les emplois de Mars servant la république,
Par un coup imprévu vit ses jours emportés ;
    Le troisième tomba d'un arbre
    Que lui-même il voulut enter ;
Et pleurés du vieillard, il grava sur leur marbre
    Ce que je viens de raconter

JEAN LA FONTAINE.
1621-1695.

LES ANIMAUX MALADES DE LA PESTE

    Un mal qui répand la terreur,
    Mal que le ciel en sa fureur
Inventa pour punir les crimes de la terre,
La peste (puisqu'il faut l'appeler par son nom),
Capable d'enrichir en un jour l'Achéron,
    Faisait aux animaux la guerre.
Ils ne mouraient pas tous, mais tous étaient frappés ;
    On n'en voyait point d'occupés
A chercher le soutien d'une mourante vie ;
    Nul mets n'excitait leur envie ;
    Ni loups ni renards n'épiaient
    La douce et l'innocente proie ;
    Les tourterelles se fuyaient ;
    Plus d'amour, partant plus de joie.

Le lion tint conseil et dit : « Mes chers amis,
  Je crois que le ciel a permis,
  Pour nos péchés, cette infortune ;
  Que le plus coupable de nous
Se sacrifie aux traits du céleste courroux ;
Peut-être il obtiendra la guérison commune ;
L'histoire nous apprend qu'en de tels accidents
  On fait de pareils dévouements.
Ne nous flattons donc point; voyons sans indulgence
  L'état de notre conscience.
Pour moi, satisfaisant mes appétits gloutons,
  J'ai dévoré force moutons.
  Que m'avaient-ils fait ? Nulle offense ;
Même il m'est arrivé quelquefois de manger
  Le berger.
Je me dévouerai donc, s'il le faut ; mais je pense
Qu'il est bon que chacun s'accuse ainsi que moi;
Car on doit souhaiter, selon toute justice,
  Que le plus coupable périsse.
— Sire, dit le renard, vous êtes trop bon roi,
Vos scrupules font voir trop de délicatesse.
Eh bien ! manger moutons, canaille, sotte espèce,
Est-ce un péché? Non, non. Vous leur fîtes, Seigneur,
  En les croquant, beaucoup d'honneur;
  Et quant au berger, l'on peut dire
  Qu'il était digne de tous maux,
Étant de ces gens-là qui sur les animaux
  Se font un chimérique empire. »
Ainsi dit le renard, et flatteurs d'applaudir.
  On n'osa trop approfondir
Du tigre, ni de l'ours, ni des autres puissances
  Les moins pardonnables offenses ;
Tous les gens querelleurs, jusqu'aux simples mâtins,
Au dire de chacun, étaient de petits saints.
L'âne vint à son tour et dit : « J'ai souvenance

Qu'en un pré de moines passant,
La faim, l'occasion, l'herbe tendre, et, je pense,
Quelque diable aussi me poussant,
Je tondis de ce pré la largeur de ma langue ;
Je n'en avais nul droit, puisqu'il faut parler net. »
A ces mots, on cria haro sur le baudet.
Un loup quelque peu clerc, prouva par sa harangue
Qu'il fallait dévouer ce maudit animal,
Ce pelé, ce galeux, d'où venait tout leur mal,
Sa peccadille fut jugée un cas pendable !
Manger l'herbe d'autrui ! Quel crime abominable !
 Rien que la mort n'était capable
 D'expier ce forfait. On le lui fit bien voir.

Selon que vous serez puissant ou misérable
Les jugements de cour vous feront blanc ou noir.

JEAN LA FONTAINE.

Dans la vieille fable originale, c'est le foin d'un sabot que mange l'âne ; le loup s'écrie dans son réquisitoire :

> « Et si le pied se fût trouvé dedans
> » La tendre chair eût été dévorée ! »

C'est un trait de génie qu'a oublié la Fontaine.

LES DEUX PIGEONS

Deux pigeons s'aimaient d'amour tendre ;
L'un d'eux, s'ennuyant au logis,
Fut assez fou pour entreprendre
Un voyage en lointain pays.

L'autre lui dit : « Qu'allez-vous faire ?
Voulez-vous quitter votre frère ?
L'absence est le plus grand des maux;
Non pas pour vous, cruel ! Au moins que les travaux,
Les dangers, les soins du voyage,
Changent un peu votre courage.
Encor, si la saison s'avançait davantage !
Attendez les zéphyrs ; qui vous presse ? un corbeau
Tout à l'heure annonçait malheur à quelque oiseau.
Je ne songerai plus que rencontre funeste,
Que faucons, que réseaux. Hélas ! dirai-je, il pleut :
Mon frère a-t-il tout ce qu'il veut,
Bon souper, bon gîte, et le reste ? »
Ce discours ébranla le cœur
De notre imprudent voyageur ;
Mais le désir de voir et l'humeur inquiète
L'emportèrent enfin. Il dit : « Ne pleurez point ;
Trois jours au plus rendront mon âme satisfaite:
Je reviendrai dans peu conter de point en point
Mes aventures à mon frère ;
Je le désennuierai. Quiconque ne voit guère
N'a guère à dire aussi. Mon voyage dépeint
Vous sera d'un plaisir extrême.
Je dirai : J'étais là ; telle chose m'advint :
Vous y croirez être vous-même. »
A ces mots, en pleurant, ils se dirent adieu.
Le voyageur s'éloigne, et voilà qu'un nuage
L'oblige de chercher retraite en quelque lieu.
Un seul arbre s'offrit, tel encor que l'orage
Maltraita le pigeon en dépit du feuillage.
L'air devenu serein, il part tout morfondu,
Sèche du mieux qu'il peut son corps chargé de pluie ;
Dans un champ à l'écart voit du blé répandu,
Voit un pigeon auprès : cela lui donne envie ;
Il y vole, il est pris ; ce blé couvrait d'un lacs

Les menteurs et traîtres appâts.
Le lacs était usé, si bien que de son aile,
De ses pieds, de son bec, l'oiseau le rompt enfin ;
Quelque plume y périt, et le pis du destin
Fut qu'un certain vautour à la serre cruelle,
Vit notre malheureux qui, traînant la ficelle
Et les morceaux du lacs qui l'avait attrapé,
    Semblait un forçat échappé.
Le vautour s'en allait le lier, quand des nues
Fond à son tour un aigle aux ailes étendues.
Le pigeon profita du conflit des voleurs,
S'envola, s'abattit auprès d'une masure,
    Crut pour le coup que ses malheurs
    Finiraient par cette aventure ;
Mais un fripon d'enfant (cet âge est sans pitié)
Prit sa fronde, et du coup tua plus d'à moitié
    La volatile malheureuse,
    Qui, maudissant sa curiosité,
    Traînant l'aile et tirant le pié,
    Demi-morte et demi-boiteuse,
    Droit au logis s'en retourna ;
    Que bien, que mal, elle arriva
    Sans autre aventure fâcheuse.
Voilà nos gens rejoints et je laisse à juger
De combien de plaisirs ils payèrent leurs peines.

JEAN LA FONTAINE.

LE PAYSAN DU DANUBE

Il ne faut point juger des gens sur l'apparence.
Le conseil en est bon ; mais il n'est pas nouveau.
    Jadis l'erreur du souriceau
Me servit à prouver le discours que j'avance :
    J'ai pour le fonder à présent,
Le bon Socrate, Ésope et certain paysan
Des rives du Danube, homme dont Marc-Aurèle
    Nous fait un portrait fort fidèle.
On connaît les premiers : quant à l'autre, voici
    Le personnage en raccourci.
Son menton nourrissait une barbe touffue ;
    Toute sa personne velue
Représentait un ours, mais un ours mal léché ;
Sous un sourcil épais il avait l'œil caché,
Le regard de travers, nez tortu, grosse lèvre,
    Portait sayon de poil de chèvre
    Et ceinture de joncs marins.
Cet homme ainsi bâti fut député des villes
Que lave le Danube. Il n'était point d'asiles
    Où l'avarice des Romains
Ne pénétrât alors et ne portât les mains.
Le député vint donc et fit cette harangue :
« Romains, et vous, Sénat assis pour m'écouter,
Je supplie avant tout les dieux de m'assister :
Veuillent les immortels, conducteurs de ma langue,
Que je ne dise rien qui doive être repris !
Sans leur aide, il ne peut entrer dans les esprits
    Que tout mal et toute injustice :

Faute d'y recourir, on viole leurs lois.
Témoin nous que punit la romaine avarice :
Rome est, par nos forfaits, plus que par ses exploits,
    L'instrument de notre supplice.
Craignez, Romains, craignez que le ciel quelque jour
Ne transporte chez vous les pleurs et la misère,
Et mettant en nos mains, par un juste retour,
Les armes dont se sert sa vengeance sévère,
    Il ne vous fasse, en sa colère,
    Nos esclaves à votre tour.
Et pourquoi sommes-nous les vôtres? Qu'on me die
En quoi vous valez mieux que cent peuples divers.
Quel droit vous a rendus maîtres de l'univers?
Pourquoi venir troubler une innocente vie?
Nous cultivions en paix d'heureux champs, et nos mains
Étaient propres aux arts ainsi qu'au labourage.
    Qu'avez-vous appris aux Germains?
    Ils ont l'adresse et le courage ;
    S'ils avaient eu l'avidité,
    Comme vous, et la violence,
Peut-être en votre place ils auraient la puissance,
Et sauraient en user sans inhumanité.
Celle que vos préteurs ont sur nous exercée
    N'entre qu'à peine en la pensée.
    La majesté de vos autels
    Elle-même en est offensée ;
    Car sachez que les immortels
Ont les regards sur nous. Grâces à vos exemples,
Ils n'ont devant les yeux que des objets d'horreur,
    De mépris d'eux et de leurs temples,
D'avarice qui va jusques à la fureur.
Rien ne suffit aux gens qui nous viennent de Rome.
    La terre et le travail de l'homme
Font pour les assouvir des efforts superflus.
    Retirez-les : on ne veut plus

Cultiver pour eux les campagnes.
Nous quittons les cités, nous fuyons aux montagnes ;
Nous laissons nos chères compagnes ;
Nous ne conversons plus qu'avec des ours affreux,
Découragés de mettre au jour des malheureux
Et de peupler pour Rome un pays qu'elle opprime.
Quant à nos enfants déjà nés,
Nous souhaitons de voir leurs jours bientôt bornés ;
Vos préteurs au malheur nous font joindre le crime.
Retirez-les, ils ne nous apprendront
Que la mollesse et que le vice ;
Les Germains comme eux deviendront
Gens de rapine et d'avarice.
C'est tout ce que j'ai vu dans Rome à mon abord ;
N'a-t-on point de présent à faire,
Point de pourpre à donner, c'est en vain qu'on espère
Quelque refuge aux lois : encor leur ministère
A-t-il mille longueurs. Ce discours, un peu fort,
Doit commencer à vous déplaire,
Je finis. Punissez de mort
Une plainte un peu trop sincère. »
A ces mots, il se couche ; et chacun étonné
Admire le grand cœur, le bon sens, l'éloquence
Du sauvage ainsi prosterné.
On le créa patrice, et ce fut la vengeance
Qu'on crut qu'un tel discours méritait. On choisit
D'autres préteurs ; et par écrit,
Le Sénat demanda ce qu'avait dit cet homme,
Pour servir de modèle aux parleurs à venir.
On ne sut pas longtemps à Rome
Cette éloquence entretenir.

Jean La Fontaine.

LE SAVETIER ET LE FINANCIER

Un savetier chantait du matin jusqu'au soir :
    C'était merveille de le voir,
Merveille de l'ouïr ; il faisait des passages,
    Plus content qu'aucun des sept sages.
Son voisin, au contraire, étant tout cousu d'or,
    Chantait peu, dormait moins encor ;
    C'était un homme de finance.
Si sur le point du jour parfois il sommeillait,
Le savetier alors en chantant l'éveillait ;
    Et le financier se plaignait
    Que les soins de la Providence
N'eussent pas au marché fait vendre le dormir,
    Comme le manger et le boire.
    En son hôtel il fait venir
Le chanteur, et lui dit : « Or çà, sire Grégoire,
Que gagnez-vous par an ? — Par an ! ma foi, monsieur,
    Dit avec un ton de rieur
Le gaillard savetier, ce n'est point ma manière
De compter de la sorte, et je n'entasse guère
    Un jour sur l'autre : il suffit qu'à la fin
    J'attrape le bout de l'année ;
    Chaque jour amène son pain.
— Eh bien ! que gagnez-vous, dites-moi, par journée ?
— Tantôt plus, tantôt moins : le mal est que toujours
(Et sans cela nos gains seraient assez honnêtes),
Le mal est que dans l'an s'entremêlent des jours
    Qu'il faut chômer : on nous ruine en fêtes ;
L'une fait tort à l'autre, et monsieur le curé

De quelque nouveau saint charge toujours son prône.»
    Le financier, riant de sa naïveté,
Lui dit : « Je vous veux mettre aujourd'hui sur le trône.
Prenez ces cent écus ; gardez-les avec soin,
        Pour vous en servir au besoin. »
Le savetier crut voir tout l'argent que la terre
        Avait depuis plus de cent ans,
        Produit pour l'usage des gens.
Il retourne chez lui : dans sa cave il enserre
        L'argent et sa joie à la fois.
        Plus de chant : il perdit la voix
Du moment qu'il gagna ce qui cause nos peines.
        Le sommeil quitta son logis ;
        Il eut pour hôtes les soucis,
        Les soupçons, les alarmes vaines.
Tout le jour, il avait l'œil au guet ; et la nuit,
        Si quelque chat faisait du bruit,
Le chat prenait l'argent. A la fin le pauvre homme
S'en courut chez celui qu'il ne réveillait plus :
« Rendez-moi, lui dit-il, mes chansons et mon somme,
        Et reprenez vos cent écus. »

JEAN LA FONTAINE.

EPITAPHE DE LA FONTAINE

Faite par lui-même.

Jean s'en alla comme il était venu,
Mangea le fonds avec le revenu,
Fuit les trésors, chose peu nécessaire.
Quant à son temps, bien sut le dispenser;
Deux parts en fit, dont il soulait [1] passer
L'une à dormir, et l'autre à ne rien faire.

LE COMBAT DU CHRÉTIEN

Mon Dieu, quelle guerre cruelle !
Je trouve deux hommes en moi :
L'un veut que plein d'amour pour toi,
Mon cœur te soit toujours fidèle,
L'autre à tes volontés rebelle,
Me révolte contre ta loi.

L'un, tout esprit et tout céleste,
Veut qu'au ciel sans cesse attaché
Et des biens éternels touché,
Je compte pour rien tout le reste ;
Et l'autre, par son poids funeste,
Me tient vers la terre penché.

1. Avait coutume.

Hélas, en guerre avec moi-même,
Où pourai-je trouver la paix ?
Je veux et n'accomplis jamais ;
Je veux : mais ô misère extrême!
Je ne fais pas le bien que j'aime
Et je fais le mal que je hais.

O grâce, ô rayon salutaire
Viens me mettre avec moi d'accord
Et domptant par un doux effort
Cet homme qui t'est si contraire,
Fais ton esclave volontaire
De cet esclave de la mort.

JEAN RACINE
1639-1699.

SONGE D'ATHALIE

C'était pendant l'horreur d'une profonde nuit ;
Ma mère Jézabel devant moi s'est montrée,
Comme au jour de sa mort pompeusement parée :
Ses malheurs n'avaient point abattu sa fierté ;
Même elle avait encor cet éclat emprunté
Dont elle eut soin de peindre et d'orner son visage,
Pour réparer des ans l'irréparable outrage :
« Tremble, m'a-t-elle dit, fille digne de moi ;
Le cruel Dieu des Juifs l'emporte aussi sur toi.
Je te plains de tomber dans ses mains redoutables,
Ma fille. » En achevant ces mots épouvantables,

SONGE D'ATHALIE.

Son ombre vers mon lit a paru se baisser;
Et moi je lui tendais les mains pour l'embrasser;
Mais je n'ai plus trouvé qu'un horrible mélange
D'os et de chair meurtris et traînés dans la fange,
Des lambeaux pleins de sang, et des membres affreux
Que des chiens dévorants se disputaient entre eux.
. . . .
..... Dans ce désordre à mes yeux se présente
Un jeune enfant couvert d'une robe éclatante,
Tels qu'on voit des Hébreux les prêtres revêtus.
Sa vue a ranimé mes esprits abattus;
Mais lorsque, revenant de mon trouble funeste,
J'admirais sa douceur, son air noble et modeste,
J'ai senti tout à coup un homicide acier
Que le traître en mon sein a plongé tout entier.
De tant d'objets divers le bizarre assemblage,
Peut-être du hasard vous paraît un ouvrage.
Moi-même quelque temps, honteuse de ma peur,
Je l'ai pris pour l'effet d'une sombre vapeur.
Mais de ce souvenir mon âme possédée
A deux fois en dormant revu la même idée;
Deux fois mes tristes yeux se sont vu retracer
Ce même enfant toujours tout prêt à me percer.
Lasse enfin des horreurs dont j'étais poursuivie,
J'allais prier Baal de veiller sur ma vie,
Et chercher du repos au pied de ses autels.
Que ne peut la frayeur sur l'esprit des mortels!
Dans le temple des Juifs un instinct m'a poussée,
Et d'apaiser leur Dieu j'ai conçu la pensée;
J'ai cru que des présents calmeraient son courroux,
Que ce Dieu, quel qu'il soit, en deviendrait plus doux.
Pontife de Baal, excusez ma faiblesse.
J'entre : le peuple fuit, le sacrifice cesse,
Le grand-prêtre vers moi s'élance avec fureur.
Pendant qu'il me parlait, ô surprise! ô terreur!

J'ai vu ce même enfant dont je suis menacée,
Tel qu'un songe effrayant l'a peint à ma pensée.
Je l'ai vu; son même air, son même habit de lin,
Sa démarche, ses yeux, et tous ses traits enfin :
C'est lui-même. Il marchait à côté du grand-prêtre;
Mais bientôt à ma vue on l'a fait disparaître.
Voilà quel trouble ici m'oblige à m'arrêter
Et sur quoi j'ai voulu tous deux vous consulter.

Jean Racine.

CHŒUR D'ATHALIE

LE CHŒUR.

Tout l'univers est plein de sa magnificence;
Qu'on l'adore, ce Dieu, qu'on l'invoque à jamais !
Son empire a des temps précédé la naissance :
    Chantons, publions ses bienfaits.

UNE VOIX.

    En vain l'injuste violence
Au peuple qui le loue imposerait silence :
    Son nom ne périra jamais.
Le jour annonce au jour sa gloire et sa puissance :
Tout l'univers est plein de sa magnificence;
    Chantons, publions ses bienfaits.

UNE AUTRE.

Il donne aux fleurs leur aimable peinture;
    Il fait naître et mûrir les fruits :
    Il leur dispense avec mesure

Et la chaleur des jours et la fraîcheur des nuits ;
Le champ qui les reçut les rend avec usure.

UNE AUTRE.

Il commande au soleil d'animer la nature,
   Et la lumière est un don de ses mains ;
     Mais sa loi sainte, sa loi pure,
Est le plus riche don qu'il ait fait aux humains.

UNE AUTRE.

O mont de Sinaï, conserve la mémoire
De ce jour à jamais auguste et renommé,
    Quand sur ton sommet enflammé,
Dans un nuage épais le Seigneur enfermé,
Fit luire aux yeux mortels un rayon de sa gloire.
   Dis-nous pourquoi ces feux et ces éclairs,
Ces torrents de fumée et ce bruit dans les airs,
    Ces trompettes et ce tonnerre :
Venait-il renverser l'ordre des éléments ?
     Sur ses antiques fondements
    Venait-il ébranler la terre ?

UNE AUTRE.

Il venait révéler aux enfants des Hébreux
De ses préceptes saints la lumière immortelle ;
    Il venait à ce peuple heureux
Ordonner de l'aimer d'une amour éternelle.

LE CHŒUR.

    O divine, ô charmante loi !
    O justice, ô bonté suprême !
  Que de raisons, quelle douceur extrême
D'engager à ce Dieu son amour et sa foi !

UNE VOIX SEULE.

D'un joug cruel il sauva nos aïeux ;
Les nourrit au désert d'un pain délicieux ;
Il nous donne ses lois, il se donne lui-même :
  Pour tant de biens, il commande qu'on l'aime.

LE CHŒUR.

O justice, ô bonté suprême !

LA MÊME VOIX.

Des mers pour eux il entr'ouvrit les eaux ;
D'un aride rocher fit sortir des ruisseaux.
Il nous donne ses lois, il se donne lui-même :
  Pour tant de biens, il commande qu'on l'aime.

LE CHŒUR.

O divine, ô charmante loi !
Que de raisons, quelle douceur extrême
D'engager à ce Dieu son amour et sa foi !

UNE AUTRE VOIX.

Vous qui ne connaissez qu'une crainte servile,
Ingrats, un Dieu si bon ne peut-il vous charmer ?
Est-il donc à vos cœurs, est-il si difficile
  Et si pénible de l'aimer !
L'esclave craint le tyran qui l'outrage,
  Mais des enfants l'amour est le partage.
Vous voulez que ce Dieu vous comble de bienfaits,
  Et ne l'aimer jamais !

LE CHŒUR.

O divine, ô charmante loi !
O justice, ô bonté suprême !
Que de raisons, quelle douceur extrême
D'engager à ce Dieu son amour et sa foi !

JEAN RACINE.

PROPHÉTIE DE JOAD

Athalie.

Cieux, écoutez ma voix ; terre, prête l'oreille.
Ne dis plus, ô Jacob, que ton Seigneur sommeille
Pécheurs, disparaissez, le Seigneur se réveille !

Comment en un plomb vil l'or pur s'est-il changé ?
Quel est dans le lieu saint ce pontife égorgé ?
Pleure, Jérusalem, pleure, cité perfide,
Des prophètes divins malheureuse homicide :
De son amour pour toi ton Dieu s'est dépouillé,
Ton encens à ses yeux est un encens souillé.
Où menez-vous ces enfants et ces femmes [1] ?
Le Seigneur a détruit la reine des cités ;
Ses prêtres sont captifs, ses rois sont rejetés ;
Dieu ne veut plus qu'on vienne à ses solennités :

---

1. Captivité de Babylone. (*Note de* RACINE.)

PROPHÉTIE DE JOAD.

Temple, renverse-toi! cèdres, jetez des flammes!
    Jérusalem, objet de ma douleur,
Quelle main en un jour a ravi tous tes charmes?
Qui changera mes yeux en deux sources de larmes
        Pour pleurer ton malheur?
    Quelle Jérusalem nouvelle [1]
Sort du fond du désert, brillante de clartés,
Et porte sur le front une marque immortelle?
    Peuples de la terre, chantez:
Jérusalem renaît plus brillante et plus belle;
    D'où lui viennent de tous côtés
Ces enfants qu'en son sein elle n'a point portés [2]?
Lève, Jérusalem, lève ta tête altière;
Regarde tous ces rois de ta gloire étonnés;
Ces rois des nations, devant toi prosternés,
    De tes pieds baisent la poussière:
Les peuples à l'envi marchent à ta lumière.
   Heureux qui pour Sion d'une sainte ferveur
      Sentira son âme embrasée!
      Cieux, répandez votre rosée,
   Et que la terre enfante son Sauveur!

JEAN RACINE.

1. L'Église. (*Note de* RACINE.) — 2. Les gentils. (*Idem.*)

CHŒUR D'ESTHER

LE CHŒUR.

Dieu fait triompher l'innocence :
Chantons, célébrons sa puissance.

UNE ISRAÉLITE.

Il a vu contre nous les méchants s'assembler,
    Et notre sang prêt à couler.
Comme l'eau sur la terre ils allaient le répandre ;
Du haut du ciel sa voix s'est fait entendre ;
    L'homme superbe est renversé,
    Ses propres flèches l'ont percé.

UNE AUTRE.

J'ai vu l'impie adoré sur la terre.
Pareil au cèdre, il cachait dans les cieux
    Son front audacieux.
Il semblait à son gré gouverner le tonnerre,
    Foulait aux pieds ses ennemis vaincus :
Je n'ai fait que passer, il n'était déjà plus.

UNE AUTRE.

On peut des plus grands rois surprendre la justice.
    Incapables de tromper
    Ils ont peine à s'échapper
    Des piéges de l'artifice.

Un cœur noble ne peut soupçonner en autrui
La bassesse et la malice
Qu'il ne sent point en lui.

UNE AUTRE.

Comment s'est calmé l'orage ?

UNE AUTRE.

Quelle main salutaire a chassé le nuage ?

TOUT LE CHŒUR.

L'aimable Esther a fait ce grand ouvrage.

UNE SEULE.

Ton Dieu n'est plus irrité.
Réjouis-toi, Sion, et sors de la poussière.
Quitte les vêtements de ta captivité,
Et reprends ta splendeur première.

Les chemins de Sion à la fin sont ouverts.
Rompez vos fers,
Tribus captives.
Troupes fugitives,
Repassez les monts et les mers.
Rassemblez-vous des bouts de l'univers.

UNE AUTRE.

Je reverrai ces campagnes si chères.

UNE AUTRE.

J'irai pleurer au tombeau de mes pères!

LE CHŒUR.

Repassez les monts et les mers,
Rassemblez-vous des bouts de l'univers.

UNE ISRAÉLITE SEULE.

Relevez, relevez les superbes portiques
Du temple où notre Dieu se plaît d'être adoré.
Que de l'or le plus pur son autel soit paré,
Et que du sein des monts le marbre soit tiré.
Liban, dépouille-toi de tes cèdres antiques.
Prêtres sacrés, préparez vos cantiques.

UNE AUTRE.

Dieu descend et revient habiter parmi nous :
Terre, frémis d'allégresse et de crainte ;
   Et vous, sous sa majesté sainte,
     Cieux, abaissez-vous !

UNE AUTRE.

Que le Seigneur est bon ! que son joug est aimable !
Heureux qui dès l'enfance en connaît la douceur !
Jeune peuple, courez à ce maître adorable.
Les biens les plus charmants n'ont rien de comparable
Aux torrents de plaisirs qu'il répand dans un cœur.
Que le Seigneur est bon ! que son joug est aimable !
Heureux qui dès l'enfance en connaît la douceur !

UNE AUTRE.

Il s'apaise, il pardonne ;
Du cœur ingrat qui l'abandonne

CHŒUR D'ESTHER.

Il attend le retour ;
Il excuse notre faiblesse ;
A nous chercher même il s'empresse.
Pour l'enfant qu'elle a mis au jour
Une mère a moins de tendresse.
Ah ! qui peut avec lui partager notre amour ?

LE CHŒUR.

Il nous fait remporter une illustre victoire.

UNE ISRAÉLITE.

Il nous a révélé sa gloire.

UNE AUTRE.

Ah ! qui peut avec lui partager notre amour ?

LE CHŒUR.

Que son nom soit béni ; que son nom soit chanté.
Que l'on célèbre ses ouvrages
Au delà des temps et des âges,
Au delà de l'éternité !

JEAN RACINE.

RÉCIT DE THÉRAMÈNE

Phèdre.

A peine nous sortions des portes de Trézène ;
Il était sur son char : ses gardes affligés
Imitaient son silence autour de lui rangés.
Il suivait tout pensif le chemin de Mycènes ;
Sa main sur ses chevaux laissait flotter les rênes.
Ses superbes coursiers qu'on voyait autrefois,
Pleins d'une ardeur si noble obéir à sa voix,
L'œil morne maintenant et la tête baissée,
Semblaient se conformer à sa triste pensée.
Un effroyable cri, sorti du fond des flots,
Des airs en ce moment vint troubler le repos ;
Et du sein de la terre une voix formidable
Répond en gémissant à ce cri redoutable.
Jusqu'au fond de nos cœurs notre sang s'est glacé ;
Des coursiers attentifs le crin s'est hérissé.
Cependant, sur le dos de la plaine liquide
S'élève à gros bouillons une montagne humide
L'onde approche, se brise, et vomit à nos yeux
Parmi des flots d'écume un monstre furieux.
Son front large est armé de cornes menaçantes,
Tout son corps est couvert d'écailles jaunissantes ;
Indomptable taureau, dragon impétueux,
Sa croupe se recourbe en replis tortueux ;
Ses longs mugissements font trembler le rivage.
Le ciel avec horreur voit ce monstre sauvage ;
La terre s'en émeut, l'air en est infecté ;
Le flot qui l'apporta recule épouvanté ;
Tout fuit ; et sans s'armer d'un courage inutile,
Dans le temple voisin chacun cherche un asile.

Hippolyte lui seul, digne fils d'un héros,
Arrête ses coursiers, saisit ses javelots,
Pousse au monstre, et d'un dard lancé d'une main sûre,
Il lui fait dans le flanc une large blessure.
De rage et de douleur le monstre bondissant
Vient aux pieds des chevaux tomber en mugissant,
Se roule, et leur présente une gueule enflammée,
Qui les couvre de feu, de sang et de fumée.
La terreur les emporte; et sourds à cette fois,
Ils ne connaissent plus ni le frein ni la voix.
En efforts impuissants leur maître se consume;
Ils rougissent le mors d'une sanglante écume.
On dit qu'on a vu même en ce désordre affreux,
Un dieu qui d'aiguillons pressait leur flanc poudreux.
A travers les rochers la peur les précipite;
L'essieu crie et se rompt. L'intrépide Hippolyte
Voit voler en éclats tout son char fracassé;
Dans les rênes lui-même il tombe embarrassé.
Excusez ma douleur; cette image cruelle
Sera pour moi de pleurs une source éternelle.
J'ai vu, Seigneur, j'ai vu votre malheureux fils
Traîné par les chevaux que sa main a nourris.
Il veut les rappeler et sa voix les effraie;
Ils courent, et son corps n'est bientôt qu'une plaie.
De nos cris douloureux la plaine retentit.
Leur fougue impétueuse enfin se ralentit;
Ils s'arrêtent, non loin de ces tombeaux antiques
Où des rois ses aïeux sont les froides reliques.
J'y cours en soupirant et sa garde me suit.
De son généreux sang la trace nous conduit;
Les rochers en sont teints, les ronces dégouttantes
Portent de ses cheveux les dépouilles sanglantes.
J'arrive, je l'appelle, et me tendant la main,
Il ouvre un œil mourant qu'il referme soudain :
« Le ciel, dit-il, m'arrache une innocente vie;

» Prends soin après ma mort de la triste Aricie.
» Cher ami, si mon père, un jour désabusé,
» Plaint le malheur d'un fils faussement accusé,
» Pour apaiser mon sang et mon ombre plaintive,
» Dis-lui qu'avec douceur il traite sa captive,
» Qu'il lui rende..... » A ce mot, ce héros expiré
N'a laissé dans mes bras qu'un corps défiguré,
Triste objet où des dieux triomphe la colère,
Et que méconnaîtrait l'œil même de son père.

JEAN RACINE.

IMITATION DU CANTIQUE D'ÉZÉCHIAS

J'ai vu mes tristes journées
Décliner sur leur penchant ;
Au midi de mes années
Je touchais à mon couchant ;
La mort déployant ses ailes
Couvrait d'ombres éternelles
La clarté dont je jouis,
Et dans cette nuit funeste
Je cherchais en vain le reste
De mes jours évanouis.

Grand Dieu, votre main réclame
Les dons que j'en ai reçus ;
Elle vient couper la trame
Des jours qu'elle m'a tissus :

IMITATION DU CANTIQUE D'ÉZÉCHIAS.

Mon dernier soleil se lève
Et votre souffle m'enlève
De la terre des vivants,
Comme la feuille séchée
Qui de sa tige arrachée
Devient le jouet des vents.

Comme un tigre impitoyable
Le mal a brisé mes os;
Et sa rage insatiable
Ne me laisse aucun repos;
Victime faible et tremblante
A cette image sanglante
Je soupire nuit et jour,
Et, dans ma crainte mortelle,
Je suis comme l'hirondelle
Sous la griffe du vautour.

Ainsi de cris et d'alarmes
Mon mal semblait se nourrir,
Et mes yeux, noyés de larmes,
Étaient lassés de s'ouvrir.
Je disais à la nuit sombre :
O nuit, tu vas dans ton ombre
M'ensevelir pour toujours !
Je redisais à l'aurore :
Le jour que tu fais éclore
Est le dernier de mes jours !

Mon âme est dans les ténèbres,
Mes sens sont glacés d'effroi;
Écoutez mes cris funèbres,
Dieu juste, répondez-moi.
Mais enfin sa main propice
A comblé le précipice

Qui s'entr'ouvrait sous mes pas;
Son secours me fortifie
Et me fait trouver la vie
Dans les horreurs du trépas.

Seigneur, il faut que la terre
Connaisse en moi vos bienfaits,
Vous ne m'avez fait la guerre
Que pour me donner la paix.
Heureux l'homme à qui la grâce
Départ ce don efficace
Puisé dans ses saints trésors;
Et qui rallumant sa flamme,
Trouve la santé de l'âme,
Dans les souffrances du corps!

JEAN-BAPTISTE ROUSSEAU.
1670-1741.

ODE A LA FORTUNE

Fortune, dont la main couronne
Les forfaits les plus inouïs,
Du faux éclat qui t'environne
Serons-nous toujours éblouis?
Jusques à quand, trompeuse idole,
D'un culte honteux et frivole
Honorerons-nous tes autels?
Verra-t-on toujours tes caprices
Consacrés par les sacrifices
Et par l'hommage des mortels?

ODE A LA FORTUNE.

Le peuple dans ton moindre ouvrage
Adorant la prospérité,
Te nomme grandeur de courage,
Valeur, prudence, fermeté :
Du titre de vertu suprême
Il dépouille la vertu même
Pour le vice que tu chéris :
Et toujours ses fausses maximes
Érigent en héros sublimes
Tes plus coupables favoris.

Quoi! Rome et l'Italie en cendre
Me feront honorer Sylla?
J'admirerai dans Alexandre
Ce que j'abhorre en Attila?
J'appellerai vertu guerrière
Une vaillance meurtrière
Qui dans mon sang trempe ses mains?
Et je pourrai forcer ma bouche
A louer un héros farouche,
Né pour le malheur des humains?

Quels traits me présentent vos fastes,
Impitoyables conquérants?
Des vœux outrés, des projets vastes,
Des rois vaincus par des tyrans,
Des murs que la flamme ravage,
Des vainqueurs fumants de carnage,
Un peuple aux fers abandonné,
Des mères pâles et sanglantes
Arrachant leurs filles tremblantes
Des bras d'un soldat effréné.

Juges insensés que nous sommes,
Nous admirons de tels exploits!

ODE A LA FORTUNE.

Est-ce donc le malheur des hommes
Qui fait la vertu des grands rois?
Leur gloire féconde en ruines,
Sans le meurtre et sans les rapines
Ne saurait-elle subsister?
Image des dieux sur la terre,
Est-ce par des coups de tonnerre
Que leur grandeur doit éclater?

Quel est donc le héros solide
Dont la gloire ne soit qu'à lui?
C'est un roi que l'équité guide
Et dont les vertus sont l'appui,
Qui prenant Titus pour modèle,
Du bonheur d'un peuple fidèle,
Fait le plus cher de ses souhaits;
Qui fuit la basse flatterie
Et qui, père de sa patrie,
Compte ses jours par ses bienfaits.

Héros cruels et sanguinaires
Cessez de vous enorgueillir
De ces lauriers imaginaires
Que Bellone vous fit cueillir.
En vain le destructeur rapide
De Marc-Antoine et de Lépide
Remplissait l'univers d'horreurs :
Il n'eût point eu le nom d'Auguste
Sans cet empire heureux et juste
Qui fit oublier ses fureurs.

Montrez-nous, guerriers magnanimes,
Votre vertu dans tout son jour :
Voyons comment vos cœurs sublimes
Du sort soutiendront le retour.

Tant que sa faveur vous seconde,
Vous êtes les maîtres du monde;
Votre gloire nous éblouit :
Mais au moindre revers funeste,
Le masque tombe, l'homme reste,
Et le héros s'évanouit.

L'effort d'une vertu commune
Suffit pour faire un conquérant :
Celui qui dompte la fortune
Mérite seul le nom de grand.
Il perd sa volage assistance
Sans rien perdre de la constance
Dont il vit ses honneurs accrus;
Et sa grande âme ne s'altère,
Ni des triomphes de Tibère,
Ni des disgrâces de Varus.

Jean-Baptiste Rousseau.

SUR LA HARPE

QUI VENAIT DE PARLER AVEC INCONVENANCE

DU GRAND CORNEILLE

Ce petit homme à son petit compas
Veut sans pudeur asservir le Génie;
Au bas du Pinde il trotte à petits pas,
Et croit franchir les sommets d'Aonie.

Au grand Corneille, il a fait avanie...
Mais, à vrai dire, on riait aux éclats
De voir ce nain mesurer un Atlas,
Et redoublant ses efforts de pygmée,
Burlesquement roidir ses petits bras
Pour étouffer si haute renommée.

LE BRUN.
1729-1807.

LES CIEUX, LA MER ET LA TERRE

Poëme de la Religion.

Oui, c'est un Dieu caché que le Dieu qu'il faut croire;
Mais, tout caché qu'il est, pour révéler sa gloire,
Quels témoins éclatans devant moi rassemblés!
Répondez, cieux et mer, et vous, terre, parlez!
Quel bras put vous suspendre, innombrables étoiles?
Nuit brillante, dis-nous qui t'a donné tes voiles?
O cieux, que de grandeur et quelle majesté!
J'y reconnais un maître à qui rien n'a coûté,
Et qui dans vos déserts a semé la lumière,
Ainsi que dans nos champs il sème la poussière;
Toi qu'annonce l'aurore, admirable flambeau,
Astre toujours le même, astre toujours nouveau,
Par quel ordre, ô soleil! viens-tu du sein de l'onde,
Nous rendre les rayons de ta clarté féconde?
Tous les jours je t'attends, tu reviens tous les jours;
Est-ce moi qui t'appelle et qui règle ton cours?

Et toi, dont le courroux veut engloutir la terre,
Mer terrible, en ton lit quelle main te resserre?
Pour forcer ta prison tu fais de vains efforts,
La rage de tes flots expire sur tes bords.
Fais sentir ta vengeance à ceux dont l'avarice
Sur ton perfide sein va chercher son supplice.
Hélas! prêts à périr, t'adressent-ils leurs vœux?
Ils regardent le ciel, secours des malheureux;
La nature, qui parle en ce péril extrême,
Leur fait lever les mains vers l'asile suprême;
Hommage que toujours rend un cœur effrayé,
Au Dieu que jusqu'alors il avait oublié!

La voix de l'univers à ce Dieu me rappelle;
La terre le publie. « Est-ce moi, me dit-elle,
Est-ce moi qui produis mes riches ornements?
C'est Celui dont la main posa mes fondemens.
Si je sers tes besoins, c'est Lui qui me l'ordonne;
Les présents qu'il me fait, c'est à toi qu'il les donne.
Je me pare des fleurs qui tombent de sa main;
Il ne fait que l'ouvrir et m'en remplit le sein.
Pour consoler l'espoir du laboureur avide,
C'est lui qui dans l'Égypte où je suis trop aride,
Veut qu'au moment prescrit, le Nil, loin de ses bords,
Répandu sur la plaine, y porte mes trésors.
A de moindre objets, tu peux le reconnoître;
Contemple seulement l'arbre que je fais croître.
Mon suc, dans la racine à peine répandu,
Du tronc qui le reçoit à la branche est rendu;
La feuille le demande, et la branche fidèle,
Prodigue de son bien, le partage avec elle.
De l'éclat de ses fruits justement enchanté,
Ne méprise jamais ces plantes sans beauté,
Troupe obscure et timide, humble et faible vulgaire;
Si tu sais découvrir leur vertu salutaire,

Elles pourront servir à prolonger tes jours,
Et ne t'afflige pas si les leurs sont si courts.
Toute plante, en naissant, déjà renferme en elle
D'enfants qui la suivront une troupe immortelle;
Chacun de ces enfants, dans ma fécondité,
Trouve un gage nouveau de sa postérité. »

RACINE LE FILS (LOUIS).
1692-1768.

VISITE D'HENRI IV

EN SONGE AUX CHAMPS-ÉLYSÉES

Poëme de la Henriade.

Henri voit ces beaux lieux, et, soudain, à leur vue,
Sent couler dans son âme une joie inconnue :
Les soins, les passions n'y troublent point les cœurs;
La volupté tranquille y répand ses douceurs.
Là règnent les bons rois qu'ont produit tous les âges,
Là sont les vrais héros, là vivent les vrais sages;
Là sur un trône d'or, Charlemagne et Clovis
Veillent du haut des cieux sur l'empire des lis.
Les plus grands ennemis, les plus fiers adversaires,
Réunis dans ces lieux, n'y sont plus que des frères;
Le sage Louis douze, au milieu de ces rois,
S'élève comme un cèdre et leur donne des lois.
Ce roi, qu'à nos aïeux donna le ciel propice,
Sur son trône avec lui fit asseoir la justice;
Il pardonna souvent, il régna sur les cœurs,
Et des yeux de son peuple il essuya les pleurs.

D'Amboise est à ses pieds, ce ministre fidèle,
Qui seul aima la France et fut seul aimé d'elle,
Tendre ami de son maître et qui dans ce haut rang
Ne souilla point ses mains de rapine et de sang.
O jours! ô mœurs! ô temps d'éternelle mémoire!
Le peuple était heureux, le roi couvert de gloire;
De ses aimables lois chacun goûtait les fruits.
Revenez, heureux temps, sous un autre Louis!

Plus loin sont ces guerriers prodigues de leur vie,
Qu'enflamma leur devoir et non pas leur furie;
La Trémouille, Clisson, Montmorency, de Foix,
Guesclin, le destructeur et le vengeur des rois,
Le vertueux Bayard, et vous, brave Amazone,
La honte des Anglais et le soutien du trône.

Vous voyez, dit Louis, dans ce sacré séjour
Les portraits des humains qui doivent naître un jour.
Approchons-nous, le ciel te permet de connaître
Les rois et les héros qui de toi doivent naître.
Le premier qui paraît, c'est ton auguste fils :
Il soutiendra longtemps la gloire de nos lis,
Triomphateur heureux du Belge et de l'Ibère;
Mais il n'égalera ni son fils ni son père.

Henri, dans ce moment, voit sur des fleurs de lis,
Deux mortels orgueilleux auprès du trône assis :
Ils tiennent sous leurs pieds tout un peuple à la chaîne,
Tous deux sont revêtus de la pourpre romaine;
Tous deux sont entourés de gardes, de soldats :
Il les prend pour des rois... «Vous ne vous trompez pas;
Ils le sont, dit Louis, sans en avoir le titre,
Du prince et de l'État l'un et l'autre est l'arbitre.
Richelieu, Mazarin, ministres immortels,
Jusqu'au trône élevés de l'ombre des autels,

Enfants de la fortune et de la politique,
Marcheront à grands pas au pouvoir despotique.
Richelieu, grand, sublime, implacable ennemi;
Mazarin, souple, adroit et dangereux ami;
L'un, fuyant avec art et cédant à l'orage,
L'autre, aux flots irrités opposant son courage;
Des princes de mon sang ennemis déclarés,
Tous deux haïs du peuple et tous deux admirés;
Enfin, par leurs efforts, ou par leur industrie,
Utiles à leur roi, cruels à la patrie.
O toi, moins puissant qu'eux, moins vaste en tes desseins
Toi, dans le second rang le premier des humains,
Colbert, c'est sur tes pas que l'heureuse abondance,
Fille de tes travaux, vient enrichir la France.
Bienfaiteur de ce peuple ardent à t'outrager,
En le rendant heureux tu sauras t'en venger;
Semblable à ce héros, confident de Dieu même,
Qui nourrit les Hébreux pour prix de leur blasphème.

Ciel! quel pompeux amas d'esclaves à genoux
Est aux pieds de ce roi qui les fait trembler tous!
Quels honneurs! quels respects! jamais roi dans la France
N'accoutuma son peuple à tant d'obéissance.
Je le vois, comme vous, par la gloire animé,
Mieux obéi, plus craint, peut-être moins aimé.
Je le vois éprouvant des fortunes diverses,
Trop fier en ses succès, mais ferme en ses traverses,
De vingt peuples ligués bravant seul tout l'effort;
Admirable en sa vie et plus grand dans sa mort.
Siècle heureux de Louis! siècle que la nature
De ses plus beaux présents doit combler sans mesure,
C'est toi qui dans la France amènes les beaux-arts,
Sur toi tout l'avenir va fixer ses regards;
Les muses à jamais y fixent leur empire;
La toile est animée et le marbre respire;

Quels sages rassemblés en ces augustes lieux,
Mesurent l'univers et lisent dans les cieux,
Et dans la nuit obscure apportant la lumière
Sondent les profondeurs de la nature entière?
L'erreur présomptueuse à leur aspect s'enfuit,
Et vers la vérité le doute les conduit.

Et toi, fille du ciel, toi, puissante Harmonie,
Art charmant qui polis la Grèce et l'Italie,
J'entends de tous côtés ton langage enchanteur,
Et tes sons souverains de l'oreille et du cœur !
Français, vous savez vaincre et chanter vos conquêtes;
Il n'est point de lauriers qui ne couvrent vos têtes;
Un peuple de héros va naître en ces climats;
Je vois tous les Bourbons voler dans les combats.
A travers mille feux, je vois Condé paraître,
Tour à tour la terreur et l'appui de son maître;
Turenne, de Condé le généreux rival,
Moins brillant, mais plus sage, et du moins son égal;
Catinat réunit par un rare assemblage,
Les talents du guerrier et les vertus du sage.
Vauban, sur un rempart, un compas à la main,
Rit du bruit impuissant de cent bouches d'airain.
Malheureux à la cour, invincible à la guerre,
Luxembourg fait trembler l'empire et l'Angleterre.

Regardez, dans Denain, l'audacieux Villars
Disputant le tonnerre à l'aigle des Césars,
Arbitre de la paix que la victoire amène,
Digne appui de son roi, digne rival d'Eugène !
Quel est ce jeune prince en qui la majesté
Sur son visage aimable éclate sans fierté ?
D'un œil indifférent il regarde le trône :
Ciel! quelle nuit soudaine à ses yeux l'environne !
La mort autour de lui vole sans s'arrêter,

Il tombe au pied du trône étant près d'y monter.
O mon fils! Des Français vous voyez le plus juste;
Les cieux le formeront de votre sang auguste.
Grand Dieu! ne faites-vous que montrer aux humains
Cette fleur passagère, ouvrage de vos mains?
Hélas! que n'eût point fait cette âme vertueuse?
La France sous son règne eût été trop heureuse :
Il eût entretenu l'abondance et la paix;
Mon fils, il eût compté ses jours par des bienfaits;
Il eût aimé son peuple. O jours remplis d'alarmes!
Oh! combien les Français vont répandre de larmes,
Quand sous la même tombe, il verront réunis
Et l'époux et la femme, et la mère et le fils!

Un faible rejeton sort entre les ruines
De cet arbre fécond coupé dans ses racines.
Les enfants de Louis, descendus au tombeau,
Ont laissé dans la France un monarque au berceau.

VOLTAIRE.
1694-1778.

L'IMMENSITÉ DES CIEUX

Poëme de la Henriade.

Dans le centre éclatant de ces orbes immenses,
Qui n'ont pu nous cacher leur marche et leurs distances
Luit cet astre du jour, par Dieu même allumé,
Qui tourne autour de soi sur son axe enflammé.

De lui partent sans fin des torrents de lumière ;
Il donne, en se montrant, la vie à la matière,
Et dispense les jours, les saisons et les ans
A des mondes divers autour de lui flottants.
Ces astres asservis à la loi qui les presse,
S'attirent dans leur course et s'évitent sans cesse ;
Et servant l'un à l'autre et de règle et d'appui,
Se prêtent les clartés qu'ils reçoivent de lui.
Au delà de leur cours, et loin dans cet espace
Où la matière nage et que Dieu seul embrasse,
Sont des soleils sans nombre et des mondes sans fin.
Dans cet abîme immense il leur ouvre un chemin.
Par delà tous ces cieux le Dieu des cieux réside.

VOLTAIRE.

L'IMMORTALITÉ DE L'AME

Oui, Platon, tu dis vrai : notre âme est immortelle ;
C'est un Dieu qui lui parle, un Dieu qui vit en elle.
Et d'où viendrait, sans lui, ce grand pressentiment,
Ce dégoût des faux biens, cette horreur du néant ?
Vers des siècles sans fin je sens que tu m'entraînes ;
Du monde et de mes sens je vais briser les chaînes,
Et m'ouvrir, loin du corps, dans la fange arrêté,
Les portes de la vie et de l'éternité.
L'éternité ! quel mot consolant et terrible !
O lumière ! ô nuage ! ô profondeur horrible !
Que dis-je ? où suis-je ? où vais-je ? et d'où suis-je tiré ?
Dans quels climats nouveaux, dans quel monde ignoré.

Le moment du trépas va-t-il plonger mon être?
Où sera cet esprit qui ne se peut connaître?
Que me préparez-vous, abîmes ténébreux?
Allons, s'il est un Dieu, Platon doit être heureux.
Il en est un sans doute, et je suis son ouvrage;
Lui-même au cœur du juste il empreint son image;
Il doit venger sa cause et punir les pervers.
Mais comment, dans quel temps et dans quel univers?
Ici la vertu pleure et l'audace l'opprime;
L'innocence à genoux y tend la gorge au crime;
La fortune y domine et tout y suit son char.
Ce globe infortuné fut formé pour César.
Hâtons de sortir d'une prison funeste.
Je te verrai sans ombre, ô vérité céleste!
Tu te caches de nous dans nos jours de sommeil;
Cette vie est un songe, et la mort un réveil.

VOLTAIRE.

ODE SUR LA MORT

DE JEAN-BAPTISTE ROUSSEAU

Quand le premier chantre du monde
Expira sur les bords glacés,
Où l'Èbre effrayé dans son onde
Reçut ses membres dispersés,
Le Thrace, errant sur les montagnes,
Remplit les bois et les campagnes

ODE SUR LA MORT DE J. B. ROUSSEAU.

Du cri perçant de ses douleurs :
Les champs de l'air en retentirent,
Et dans les antres qui gémirent,
Le lion répandit des pleurs.

La France a perdu son Orphée :
Muses, dans ces moments de deuil,
Élevez le pompeux trophée
Que vous demande son cercueil :
Laissez, par de nouveaux prodiges,
D'éclatants et dignes vestiges
D'un jour marqué par vos regrets.
Ainsi le tombeau de Virgile
Est couvert du laurier fertile,
Qui par vos soins ne meurt jamais.

D'une brillante et triste vie
Rousseau quitte aujourd'hui les fers,
Et loin du ciel de sa patrie [1];
La mort termine ses revers.
D'où ses maux ont-ils pris leur source ?
Quelles épines dans sa course
Étouffaient les fleurs sous ses pas !
Quels ennuis ! quelle vie errante,
Et quelle foule renaissante
D'adversaires et de combats !

Jusques à quand, mortels farouches,
Vivrons-nous de haine et d'aigreur ?
Prêterons-nous toujours nos bouches
Au langage de la fureur ?

---

1. Rousseau, faussement accusé d'écrits calomnieux, avait été banni du royaume par un arrêté du Parlement. Il mourut en Belgique.

Implacable dans ma colère,
Je m'applaudis de la misère
De mon ennemi terrassé ;
Il se relève, je succombe,
Et moi-même à ses pieds je tombe,
Frappé du trait que j'ai lancé.

Du sein des ombres éternelles
S'élevant au trône des dieux,
L'envie offusque de ses ailes
Tout éclat qui frappe ses yeux.
Quel ministre, quel capitaine
Quel monarque vaincra sa haine,
Et les injustices du sort ?
Le temps à peine les consomme,
Et jamais le prix du grand homme
N'est bien connu qu'après sa mort.

Oui, la mort seule nous délivre
Des ennemis de nos vertus,
Et notre gloire ne peut vivre
Que lorsque nous ne vivons plus.
Le chantre d'Ulysse et d'Achille,
Sans protecteur et sans asile,
Fut ignoré jusqu'au tombeau ;
Il expire, le charme cesse,
Et tous les peuples de la Grèce
Entre eux disputent son berceau.

Le Nil a vu sur ses rivages
Les noirs habitants des déserts
Insulter par leurs cris sauvages
L'astre éclatant de l'univers :
Cris impuissants ! fureurs bizarres !
Tandis que ces monstres barbares

Poussaient d'insolentes clameurs,
Le dieu, poursuivant sa carrière,
Versait des torrents de lumière
Sur ses obscurs blasphémateurs.

LEFRANC DE POMPIGNAN.
1709-1784.

ADIEUX DE GILBERT A LA VIE

J'ai révélé mon cœur au Dieu de l'innocence ;
    Il a vu mes pleurs pénitents,
Il guérit mes remords, il m'arme de constance ;
    Les malheureux sont ses enfants.

Mes ennemis riant ont dit dans leur colère :
    « Qu'il meure et sa gloire avec lui ! »
Mais à mon cœur calmé le Seigneur dit en père :
    « Leur haine sera ton appui.

A tes plus chers amis ils ont prêté leur rage,
    Tout trompe ta simplicité ;
Celui que tu nourris court vendre ton image,
    Noire de sa méchanceté.

Mais Dieu t'entend gémir, Dieu vers qui te ramène
    Un vrai remords né des douleurs,
Dieu qui pardonne enfin à la nature humaine
    D'être faible dans les malheurs.

J'éveillerai pour toi la pitié, la justice
    De l'incorruptible avenir ;
Eux-même epureront par leur long artifice
    Ton honneur qu'ils pensent ternir. »

Soyez béni, mon Dieu, vous qui daignez me rendre
    L'innocence et son noble orgueil,
Vous qui, pour protéger le repos de ma cendre,
    Veillerez près de mon cercueil.

Au banquet de la vie, infortuné convive
    J'apparus un jour et je meurs ;
Je meurs, et sur ma tombe où lentement j'arrive
    Nul ne viendra verser des pleurs.

Salut, champs que j'aimais ! et vous, belle verdure,
    Et vous, riant exil des bois !
Ciel, pavillon de l'homme, admirable nature,
    Salut pour la dernière fois !

Ah! puissent voir longtemps votre beauté sacrée
    Tant d'amis sourds à mes adieux ;
Qu'ils meurent pleins de jours, que leur mort soit pleurée
    Qu'un ami leur ferme les yeux !

GILBERT.
1751-1780.

LE JUGEMENT DERNIER

« Quels biens vous ont produits vos sauvages vertus,
Justes ? Vous avez dit : « Dieu nous protége en père » ;
Et, partout opprimés, vous rampez, abattus
Sous les pieds du méchant, dont l'audace prospère.
  Implorez ce Dieu défenseur.
En faveur de ses fils qu'il arme sa vengeance ;
Est-il aveugle et sourd ? est-il d'intelligence
  Avec l'impie et l'oppresseur ? »

« Méchants, suspendez vos blasphèmes.
Est-ce pour le braver qu'il vous donna la voix ?
Il nous frappe, il est vrai ; mais sans juger ses lois,
Soumis, nous attendons qu'il vous frappe vous-mêmes.
  Ce soleil témoin de nos pleurs
Amène, à pas pressés, le jour de sa justice.
  Dieu nous paiera de nos douleurs ;
Dieu saura nous venger des triomphes du vice. »

Quel bruit s'est élevé ? La trompette sonnante
  A retenti de tous côtés ;
Et, sur son char de feu, la foudre dévorante
  Parcourt les airs épouvantés.
Ces astres teints de sang et cette horrible guerre
  Des vents échappés de leurs fers,
Hélas ! annoncent-ils aux enfants de la terre
  Le dernier jour de l'univers ?

L'océan révolté loin de son lit s'élance,
    Et de ses flots séditieux
    Court, en grondant, battre les cieux,
Tout prêts à le couvrir de leurs ruines immenses.
C'en est fait : l'Éternel, trop longtemps méprisé,
    Sort de la nuit profonde
Où loin des yeux de l'homme il s'était reposé ;
Il a paru, c'est lui, son pied frappe le monde,
    Et le monde est brisé.

Tremblez, humains, voici de ce juge suprême
    Le redoutable tribunal.
Ici perdent leur prix l'or et le diadème,
    Ici l'homme à l'homme est égal ;
Ici la vérité tient ce livre terrible
    Où sont écrits vos attentats ;
Et la Religion, mère autrefois sensible,
S'arme d'un cœur d'airain contre ses fils ingrats.

    Sortez de la nuit éternelle,
    Rassemblez-vous, âmes des morts,
    Et reprenant vos mêmes corps,
Paraissez devant Dieu, c'est Dieu qui vous appelle.
    Arrachés de leur froid repos,
Les morts du sein de l'ombre avec terreur s'élancent,
Et près de l'Éternel en désordre s'avancent,
Pâles, et secouant la cendre des tombeaux.

O Sion ! ô combien ton enceinte immortelle
Renferme en ce moment de peuples éperdus !
Le musulman, le juif, le chrétien, l'infidèle,
Devant le même Dieu s'assemblent confondus.
Quel tumulte effrayant ! que de cris lamentables !
    Ici, près de l'ingrat

Se cachent l'imposteur, l'avare, l'homicide,
    Et ce guerrier perfide
Qui vendit sa patrie en un jour de combat.

Ces juges trafiquaient du sang de l'innocence
        Avec ses fiers persécuteurs ;
        Sous le vain nom de bienfaiteurs,
Ces grands semaient ensemble et les dons et l'offense.
Où fuir ? où se cacher ? L'œil vengeur vous poursuit,
Vous, brigands, jadis rois, ici sans diadème.
Les antres, les rochers, l'univers est détruit ;
    Tout est plein de l'Être suprême.

Mais d'où vient que je nage en des flots de clarté ?
    Ciel ! malgré moi, s'égarant sur ma lyre,
Mes doigts harmonieux peignent la volupté :
    Fuyez, pécheurs, respectez mon délire ;
        Je vois les élus du Seigneur
Marcher d'un front riant au fond du sanctuaire.
Des enfants doivent-ils connaître la terreur
    Lorsqu'ils approchent de leur père ?

Quoi ! de tant de mortels qu'ont nourris tes bontés,
Ce petit nombre, ô Ciel, rangea ses volontés
        Sous le joug de tes lois augustes !
Des vieillards ! des enfants ! quelques infortunés !
A peine mon regard voit, entre mille justes,
        S'élever deux fronts couronnés.

    Le juste enfin remporte la victoire,
Et de ses longs combats, au sein de l'Éternel,
    Il se repose environné de gloire.
Ses plaisirs sont au comble et n'ont rien de mortel ;
    Il voit, il sent, il connaît, il respire
Le Dieu qu'il a servi, dont il aima l'empire :

Il en est plein, il chante ses bienfaits.
L'Éternel a brisé son tonnerre inutile ;
Et, d'ailes et de faux dépouillé désormais,
Sur les mondes détruits le Temps dort immobile.

GILBERT.

LE VOYAGE

Partir avant le jour, à tâtons, sans voir goutte,
Sans songer seulement à demander sa route;
Aller de chute en chute, et se traînant ainsi,
Faire un tiers du chemin jusqu'à près de midi;
Voir sur sa tête alors s'amasser les nuages,
Dans un sable mouvant précipiter ses pas,
Courir en essuyant orages sur orages,
Vers un but incertain où l'on n'arrive pas;
Détrompé, vers le soir chercher une retraite,
Arriver haletant, se coucher, s'endormir :
On appelle cela naître, vivre et mourir.
  La volonté de Dieu soit faite!

FLORIAN.
1755-1795.

LE BONHOMME ET LE TRÉSOR

Un bonhomme de mes parents
Que j'ai connu dans mon jeune âge,
Se faisait adorer de tout son voisinage :
Consulté, vénéré des petits et des grands,
Il vivait dans sa terre en véritable sage.
Il n'avait pas beaucoup d'écus,
Mais cependant assez pour vivre dans l'aisance.
En revanche force vertus,
Du sens, de l'esprit par-dessus,
Et cette aménité que donne l'innocence.
Quand un pauvre venait le voir,
S'il avait de l'argent, il donnait des pistoles,
Et s'il n'en avait point, du moins par ses paroles
Il lui rendait un peu de courage et d'espoir.
Il raccommodait les familles,
Corrigeait doucement les jeunes étourdis,
Riait avec les jeunes filles,
Et leur trouvait de bons maris.
Indulgent aux défauts des autres,
Il répétait souvent : « N'avons-nous pas les nôtres ?
Ceux-ci sont nés boiteux, ceux-là sont nés bossus,
L'un un peu moins, l'autre un peu plus ;
La nature de cent manières
Voulut nous affliger : marchons ensemble en paix ;
Le chemin est assez mauvais
Sans nous jeter encor des pierres. »
Or, il arriva certain jour
Que notre bon vieillard trouva dans une tour
Un trésor caché sous la terre.

D'abord, il n'y voit qu'un moyen
De pouvoir faire plus de bien;
Il le prend, l'emporte et le serre.
Puis en réfléchissant, le voilà qui se dit :
« Cet or que j'ai trouvé ferait plus de profit
Si j'en augmentais mon domaine;
J'aurais plus de vassaux, je serais plus puissant.
Je peux mieux faire encor; dans la ville prochaine
Achetons une charge et soyons président.
Président! cela vaut la peine.
Je n'ai pas fait mon droit, mais avec mon argent
On m'en dispensera, puisque cela s'achète. »
Tandis qu'il rêve et qu'il projette
Sa servante vient l'avertir
Que les jeunes gens du village
Dans la cour du château sont à se divertir.
Le dimanche, c'était l'usage;
Le seigneur se plaisait à danser avec eux.
« Oh! ma foi! répond-il, j'ai bien d'autres affaires,
Que l'on danse sans moi. «L'esprit plein de chimères,
Il s'enferme tout seul pour se tourmenter mieux.
Ensuite, il va joindre à sa somme
Un petit sac d'argent, reste du mois dernier.
Dans l'instant arrive un pauvre homme
Qui, tout en pleurs, vient le prier
De vouloir lui prêter vingt écus pour sa taille [1] :
« Le collecteur, dit-il, va me mettre en prison,
Et n'a laissé dans ma maison
Que six enfants sur de la paille. »
Notre nouveau Crésus lui répond durement
Qu'il n'est pas en argent comptant.
Le pauvre malheureux le regarde, soupire,
Et s'en retourne sans mot dire.

1. Impôt royal.

Mais il n'était pas loin que notre bon seigneur
    Retrouve tout à coup son cœur ;
    Il court au paysan, l'embrasse,
    De cent écus il lui fait don,
    Et lui demande encor pardon.
Ensuite il fait crier que sur la grande place,
Le village assemblé se rende dans l'instant.
    On obéit ; notre bonhomme
    Arrive avec toute sa somme,
    En un seul monceau la répand.
« Mes amis, leur dit-il, vous voyez cet argent ;
Depuis qu'il m'appartient, je ne suis plus le même,
Mon âme est endurcie, et la voix du malheur
    N'arrive plus jusqu'à mon cœur.
Mes enfants, sauvez-moi de ce péril extrême,
Prenez et partagez ce dangereux métal ;
Emportez votre part chacun dans votre asile :
Entre tous divisé, cet or peut être utile ;
Réuni chez un seul, il ne fait que du mal. »

    Soyons contents du nécessaire,
Sans jamais souhaiter de trésors superflus ;
Il faut les redouter autant que la misère,
    Comme elle ils chassent les vertus.

FLORIAN.

LE CALIFE

Autrefois dans Bagdad le calife Almamon
Fit bâtir un palais plus beau, plus magnifique
Que ne le fut jamais celui de Salomon.
Cent colonnes d'albâtre en formaient le portique
L'or, le jaspe, l'azur décoraient le parvis ;
Dans les appartemens embellis de sculpture,
Sous les lambris de cèdre on voyait réunis
Et les trésors du luxe et ceux de la nature,
Les fleurs, les diamants, les parfums, la verdure,
Les myrtes odorants, les chefs-d'œuvre de l'art,
    Et les fontaines jaillissantes
    Roulant leurs ondes bondissantes
    A côté du lit de brocart.
Près de ce beau palais, juste devant l'entrée,
Une étroite chaumière, antique et délabrée,
D'un pauvre tisserand était l'humble réduit.
    Là, content du petit produit
D'un grand travail, sans dette et sans soucis pénibles,
    Le bon vieillard libre, oublié,
    Coulait des jours doux et paisibles,
    Point envieux, point envié.
    J'ai déjà dit que sa retraite
    Masquait le devant du palais.
Le vizir veut d'abord, sans forme de procès,
    Qu'on abatte la maisonnette ;
Mais le calife veut que d'abord on l'achète.
Il fallut obéir. On va chez l'ouvrier.

On lui porte de l'or. « Non, gardez votre somme,
 Répond doucement le pauvre homme ;
Je n'ai besoin de rien avec mon atelier ;
Et quant à ma maison, je ne puis m'en défaire ;
C'est là que je suis né, c'est là qu'est mort mon père :
 Je prétends y mourir aussi.
Le calife, s'il veut, peut me chasser d'ici,
 Il peut détruire ma chaumière ;
 Mais s'il le fait, il me verra
Venir chaque matin, sur la dernière pierre
 M'asseoir et pleurer ma misère.
Je connais Almamon, son cœur en gémira. »
Cet insolent discours excita la colère
Du vizir, qui voulait punir ce téméraire
Et sur-le-champ raser sa chétive maison.
 Mais le calife lui dit : « Non ;
J'ordonne qu'à mes frais elle soit réparée.
 Ma gloire tient à sa durée :
Je veux que nos neveux en la considérant,
Y trouvent de mon règne un monument auguste ;
En voyant le palais, ils diront : « Il fut grand ; »
En voyant la chaumière, ils diront : « Il fut juste. »

       FLORIAN.

IAMBES

Quand au mouton bêlant la sombre boucherie
 Ouvre ses cavernes de mort,
Pauvres chiens et moutons, toute la bergerie
 Ne s'informe plus de son sort.

Les enfants qui suivaient ses ébats dans la plaine,
    Les vierges aux belles couleurs
Qui le baisaient en foule et sur la blanche laine
    Entrelaçaient rubans et fleurs,
Sans plus penser à lui, le mangent, s'il est tendre.
    Dans cet abîme enseveli
J'ai le même destin. Je m'y devais attendre.
    Accoutumons-nous à l'oubli.
Oubliés comme moi dans cet affreux repaire,
    Mille autres moutons comme moi,
Pendus au croc sanglant du charnier populaire,
    Seront servis au peuple-roi.
Que pouvaient mes amis? Oui, de leur main chérie
    Un mot à travers ces barreaux
A versé quelque baume en mon âme flétrie,
    De l'or peut-être à mes bourreaux.
Mais tout est précipice. Ils ont eu droit de vivre.
    Vivez, amis, vivez contents.
En dépit de Bavus, soyez lents à me suivre.
    Peut-être en de plus heureux temps,
J'ai moi-même, à l'aspect des pleurs de l'infortune,
    Détourné mes regards distraits;
A mon tour aujourd'hui mon malheur importune.
    Vivez, amis, vivez en paix.

ANDRÉ CHÉNIER,
Écrit avant d'aller à l'échafaud.
1760-1793.

LA JEUNE CAPTIVE

L'épi naissant mûrit, de la faux respecté ;
Sans crainte du pressoir, le pampre tout l'été
    Boit les doux présents de l'aurore ;
Et moi comme lui jeune, et belle comme lui,
Quoi que l'heure présente ait de trouble et d'ennui,
    Je ne veux pas mourir encore.

Qu'un stoïque aux yeux secs vole embrasser la mort ;
Moi, je pleure et j'espère ; au noir souffle du nord
    Je plie et relève la tête.
S'il est des jours amers, il en est de si doux !
Hélas ! quel miel jamais n'a laissé de dégoûts ?
    Quelle mer n'a point de tempête ?

L'illusion féconde habite dans mon sein,
D'une prison sur moi les murs pèsent en vain ;
    J'ai les ailes de l'espérance.
Échappée aux réseaux de l'oiseleur cruel,
Plus vive, plus heureuse, aux campagnes du ciel
    Philomèle chante et s'élance.

Est-ce à moi de mourir ? Tranquille je m'endors,
Et tranquille je veille ; et ma veille aux remords
    Ni mon sommeil ne sont en proie.
Ma bienvenue au jour me rit dans tous les yeux ;
Sur des fronts abattus mon aspect en ces lieux
    Ramène presque de la joie.

LA JEUNE CAPTIVE.

Mon beau voyage encore est si loin de sa fin !
Je pars, et des ormeaux qui bordent le chemin
    J'ai passé les premiers à peine.
Au banquet de la vie à peine commencé,
Un instant seulement mes lèvres ont press
    La coupe en mes mains encor pleine.

Je ne suis qu'au printemps, je veux voir la moisson :
Et comme le soleil, de saison en saison,
    Je veux achever mon année.
Brillante sur ma tige, et l'honneur du jardin,
Je n'ai vu luire encore que les feux du matin :
    Je veux achever ma journée.

O mort ! tu peux attendre : éloigne, éloigne-toi ;
Va consoler tous ceux que la honte, l'effroi,
    Le pâle désespoir dévore.
Pour moi Palès encore a des asiles verts,
Les amours des baisers, les muses des concerts :
    Je ne veux pas mourir encore.

Ainsi triste et captif, ma lyre toutefois
S'éveillait, écoutant ces plaintes, cette voix,
    Ces vœux d'une jeune captive ;
Et, secouant le joug de mes jours languissants,
Aux douces lois des vers je pliais les accents
    De sa bouche aimable et naïve.

ANDRÉ CHÉNIER.

Fait en prison pour Mlle DE COIGNY.

L'ORAGE

Poëme des Saisons.

Les cris de la corneille ont annoncé l'orage.
Le bélier effrayé veut entrer au hameau.
Une sombre frayeur agite le taureau
Qui respire avec force et, relevant la tête,
Par ses mugissements appelle la tempête.

On voit à l'horizon, de deux points opposés,
Des nuages monter dans les airs embrasés;
On les voit s'épaissir, s'élever et s'étendre.
D'un tonnerre éloigné le bruit s'est fait entendre :
Les flots en ont frémi, l'air en est ébranlé,
Et le long du vallon le feuillage a tremblé.
Les monts ont prolongé le lugubre murmure
Dont le bruit lent et sourd attriste la nature.
Il succède à ce bruit un calme plein d'horreur,
Et la terre en silence attend dans la terreur.
Des monts et des rochers le vaste amphithéâtre
Disparaît tout à coup sous un voile grisâtre;
Le nuage élargi les couvre de ses flancs :
Il pèse sur les airs tranquilles et brûlants.
Mais des traits enflammés ont sillonné la nue,
Et la foudre, en grondant, roule dans l'étendue;
Elle redouble, vole, éclate dans les airs;
Leur nuit est plus profonde et de vastes éclairs
En font sortir sans cesse un jour pâle et livide.
Du couchant ténébreux s'élance un vent rapide,

Qui tourne sur la plaine, et rasant les sillons,
Enlève un sable noir qu'il roule en tourbillons.
Ce nuage nouveau, ce torrent de poussière,
Dérobe à la campagne un reste de lumière.
La peur, l'airain sonnant, dans les temples sacrés
Font entrer à grands flots les peuples égarés.
Grand Dieu! vois à tes pieds leur foule consternée
Te demander le prix des travaux de l'année.
Hélas! d'un ciel en feu les globules glacés
Écrasent, en tombant, les épis renversés;
Le tonnerre et les vents déchirent les nuages :
Le fermier de ses champs contemple les ravages,
Et presse dans ses bras ses enfants effrayés.
La foudre éclate, tombe, et des monts foudroyés
Descendent à grand bruit les graviers et les ondes
Qui courent en torrent sur les plaines fécondes.
O récolte! ô moisson! Tout périt sans retour;
L'ouvrage de l'année est détruit dans un jour.

SAINT-LAMBERT.
1717-1803.

LES CATACOMBES DE ROME

Sous les remparts de Rome et sous ses vastes plaines,
Sont des antres profonds, des voûtes souterraines,
Qui, pendant deux mille ans, creusés par les humains,
Donnèrent leurs rochers aux palais des Romains;

Avec ses monuments et sa magnificence,
Rome entière sortit de cet abîme immense.
Depuis, loin des regards et du fer des tyrans,
L'Église encor naissante y cacha ses enfants,
Jusqu'au jour où, du sein de cette nuit profonde,
Triomphante elle vint donner des lois au monde,
Et marquer de sa croix les drapeaux des Césars.

Jaloux de tout connaître, un jeune amant des arts,
L'amour de ses parents, l'espoir de la peinture,
Brûlait de visiter cette demeure obscure,
De notre antique foi vénérable berceau.
Un fil dans une main et dans l'autre un flambeau,
Il entre, il se confie à ces voûtes nombreuses
Qui croisent en tous sens leurs routes ténébreuses;
Il aime à voir ce lieu, sa triste majesté,
Ce palais de la nuit, cette sombre cité,
Ces temples où le Christ vit ses premiers fidèles,
Et de ces grands tombeaux les ombres éternelles.
Dans un coin écarté se présente un réduit,
Mystérieux asile où l'espoir le conduit;
Il voit des vases saints et des urnes pieuses,
Des vierges, des martyrs dépouilles précieuses.
Il saisit ce trésor, il veut poursuivre : hélas!
Il a perdu le fil qui conduisait ses pas.
Il cherche, mais en vain : il s'égare, il se trouble,
Il s'éloigne, il revient et sa crainte redouble;
Il prend tous les chemins que lui montre la peur.
Enfin de route en route et d'erreur en erreur,
Il trouve un vaste espace, effrayant labyrinthe,
Dans les enfoncements de cette obscure enceinte,
D'où vingt chemins divers conduisent à l'entour.
Lequel choisir? lequel doit le conduire au jour?
Il les consulte tous, il les prend, il les quitte;
L'effroi suspend ses pas, l'effroi les précipite;

Il appelle, l'écho redouble sa frayeur ;
De sinistres pensers viennent glacer son cœur.
L'astre heureux qu'il regrette a mesuré dix heures
Depuis qu'il est errant dans ces noires demeures.
Ce lieu d'effroi, ce lieu d'un silence éternel,
En trois lustres entiers voit à peine un mortel ;
Et, pour comble d'effroi, dans cette nuit funeste,
Du flambeau qui le guide il voit périr le reste.
Craignant que chaque pas, que chaque mouvement,
En agitant la flamme en use l'aliment,
Quelquefois il s'arrête et demeure immobile.
Vaines précautions ! tout soin est inutile ;
L'heure approche, et déjà son cœur épouvanté
Croit de l'affreuse nuit sentir l'obscurité.
Il marche, il erre encor sous cette voûte sombre,
Et le flambeau mourant fume et s'éteint dans l'ombre.
Il gémit ; toutefois, d'un souffle haletant,
Le flambeau ranimé se rallume à l'instant.
Vain espoir ! par le feu la cire consumée,
Par degrés s'abaissant sur la mèche enflammée,
Atteint sa main souffrante, et de ses doigts vaincus
Les nerfs découragés ne la soutiennent plus :
De son bras défaillant enfin la torche tombe,
Et ses derniers rayons ont éclairé sa tombe...
L'infortuné déjà voit cent spectres hideux :
Le délire brûlant, le désespoir affreux,
La mort... Non cette mort qui plaît à la victoire,
Qui vole avec la foule et que pare la gloire,
Mais lente, mais horrible, et traînant par la main
La faim, qui se déchire et se ronge le sein.
Son sang, à ces pensers, s'arrête dans ses veines ;
Et quels regrets touchants viennent aigrir ses peines !
Ses parents, ses amis, qu'il ne reverra plus,
Et ses nobles travaux qu'il laissa suspendus,
Ces travaux qui devaient illustrer sa mémoire,

Qui donnaient le bonheur et promettaient la gloire!
Et celle dont l'amour, celle dont le souris
Fut son plus doux éloge et son plus digne prix!
Quelques pleurs de ses yeux coulent à cette image,
Versés par le regret et séchés par la rage.
Cependant il espère; il pense quelquefois
Entrevoir des clartés, distinguer une voix;
Il regarde, il écoute... Hélas! dans l'ombre immense
Il ne voit que la nuit, n'entend que le silence,
Et le silence ajoute encore à sa terreur.
Alors, de son destin sentant toute l'horreur,
Son cœur tumultueux roule de rêve en rêve;
Il se lève, il retombe, et soudain se relève,
Se traîne quelquefois sur de vieux ossements,
De la mort qu'il veut fuir horribles monuments,
Quand tout à coup son pied trouve un léger obstacle,
Il y porte la main. O surprise! ô miracle!
Il sent, il reconnaît le fil qu'il a perdu,
Et de joie et d'espoir il tressaille éperdu.
Ce fil libérateur, il le baise, il l'adore,
Il s'en assure, il craint qu'il ne s'échappe encore;
Il veut le suivre, il veut revoir l'éclat du jour.
Je ne sais quel instinct l'arrête en ce séjour :
A l'abri du danger, son âme encor tremblante,
Veut jouir de ces lieux et de leur épouvante.
A leur aspect lugubre, il éprouve en son cœur
Un plaisir agité d'un reste de terreur.
Enfin tenant en main son conducteur fidèle,
Il part, il vole aux lieux où la clarté l'appelle.
Dieu! quel ravissement quand il revoit les cieux,
Qu'il croyait pour jamais éclipsés à ses yeux!
Avec quel doux transport il promène sa vue
Sur leur majestueuse et brillante étendue!
La cité, le hameau, la verdure, les bois,
Semblent s'offrir à lui pour la première fois;

Et, rempli d'une joie inconnue et profonde,
Son cœur croit assister au premier jour du monde.

L'abbé DELILLE.
1758-1812.

FRAGMENT

DU POEME SUR L'ASTRONOMIE

Vérité qu'on fuyait, il est temps de renaître,
Cieux, agrandissez-vous, Copernic va paraître !
Il paraît : il a dit, et les cieux ont changé !
Seul au centre du sien le soleil est rangé ;
Il y règne, et de loin voit la terre inclinée
Conduire obliquement les signes de l'année,
Puis montrant par degrés les divers horizons
En cercle autour de lui ramener les saisons.
O grand astre, ô soleil, ta loi toute puissante
Régit de l'univers la sphère obéissante,
Depuis l'ardent Mercure en tes feux englouti,
Jusqu'à ce froid Saturne au pas appesanti,
Qui prolonge trente ans sa tardive carrière,
Ceint de l'anneau mobile où se peint sa lumière ;
Tu les gouvernes tous, qui peut te gouverner?
Quel bras autour de toi t'a contraint de tourner?
Soleil, ce fut un jour de l'année éternelle,
Aux portes du chaos, Dieu s'avance et t'appelle ;
Le noir chaos s'ébranle et de ses flancs ouverts
Tout écumant de feu, tu jaillis dans les airs.

De sept rayons premiers ta tête est couronnée;
L'antique nuit recule, et par toi détrônée
Craignant de rencontrer ton œil victorieux,
Te cède la moitié de l'empire des cieux.
Mais, quel que soit l'éclat des bords que tu fécondes,
D'autres soleils, suivis d'un cortége de mondes,
Sur d'autres firmaments dominent comme toi,
Et parvenu près d'eux, à peine je te vois.
Qui dira leur distance, et leur nombre et leur masse?
En vain, de monde en monde élevant son audace,
Jusqu'au dernier de tous Herschell voudrait monter;
L'infatigable Herschell se lasse à les compter.
Il voit de toute part en suivant leurs orbites
De la création reculer les limites;
Aussi grand que l'Auteur l'ouvrage est infini.
Vers ces globes lointains qu'observa Cassini,
Mortel, prends ton essor, monte par la pensée,
Et cherche où du grand Tout la borne fut placée.
Laisse après toi Saturne, approche d'Uranus;
Tu l'as quitté, poursuis : des astres inconnus,
A l'aurore, au couchant, partout sèment ta route.
A ces immensités l'immensité s'ajoute.
Peut-être ici fermant ce vaste compas d'or
Qui mesurait des cieux les campagnes profondes
L'éternel Géomètre a terminé les mondes.
Atteins-les; vaine erreur! Fais un pas, à l'instant
De nouveaux cieux succèdent et l'univers s'étend;
Tu t'avances toujours, toujours il t'environne;
Quoi! semblable au mortel que sa force abandonne,
Dieu, qui ne cesse point d'agir et d'enfanter,
Eût dit : voici la borne où je dois m'arrêter!
Newton, qui de ce Dieu le plus digne interprète
Montra par quelle loi se meut chaque planète,
Newton n'a vu pourtant qu'un coin de l'univers;
Les cieux, même après lui, d'un voile sont couverts!

FRAGMENT DU POËME SUR L'ASTRONOMIE.

Que de faits ignorés l'avenir doit y lire!
Ces astres, ces flambeaux qu'en passant l'homme admire,
A qui le Guèbre antique élevait des autels,
Comme leur créateur, seraient-ils immortels?
Au jour marqué par lui la comète embrasée
Vient-elle réparer leur substance épuisée?
Meurent-ils comme nous? On dit que sur sa tour,
Quelquefois l'astronome, attendant leur retour,
Voit dans des régions qu'il s'étonne d'atteindre
Luire un astre nouveau, de vieux astres s'éteindre.
Tout passe donc, hélas! ces globes inconstants
Cèdent comme le nôtre à l'empire du temps;
Comme le nôtre aussi, sans doute ils ont vu naître
Une race pensante, avide de connaître;
Ils ont eu des Pascals, des Leibnitz, des Buffons.

Tandis que je me perds en ces rêves profonds,
Peut-être un habitant de Vénus, de Mercure,
De ce globe voisin qui blanchit l'ombre obscure,
Se livre à des transports aussi doux que les miens.
Ah! si nous rapprochions nos hardis entretiens!
Cherche-t-il quelquefois ce globe de la terre,
Qui dans l'espace immense en un point se resserre?
A-t-il pu soupçonner qu'en ce séjour de pleurs
Rampe un être immortel qu'ont flétri les douleurs?
Habitants inconnus de ces sphères lointaines,
Sentez-vous nos besoins, nos plaisirs et nos peines?
Connaissez-vous nos arts? Dieu vous a-t-il donné
Des sens moins imparfaits, un destin moins borné?
Royaumes étoilés, célestes colonies,
Peut-être enfermez-vous ces esprits, ces génies,
Qui, par tous les degrés de l'échelle du ciel,
Montaient, suivant Platon, jusqu'au trône éternel?
Si pourtant, loin de nous, dans ce vaste empyrée,
Un autre genre humain peuple une autre contrée,

Hommes, n'imitez pas vos frères malheureux !
En apprenant leur sort, vous gémiriez sur eux ;
Vos larmes mouilleraient nos fastes lamentables ;
Tous les siècles en deuil, l'un à l'autre semblables,
Courent sans s'arrêter, foulant de toutes parts,
Les trônes, les autels, les empires épars ;
Et sans cesse frappés de plaintes importunes,
Passent en me contant nos longues infortunes ;
Vous hommes, nos égaux, puissiez-vous être, hélas !
Plus sages, plus unis, plus heureux qu'ici-bas !

Oh ! si j'osais plus loin prolonger ma carrière !
Je chanterais encor cette cause première,
Ce grand Être inconnu dont l'âme fait mouvoir
Les millions de cieux où s'est peint son pouvoir.
Mère antique du monde, ô nuit, peux-tu me dire
Où de ce Dieu caché la grandeur se retire ?
Soleils multipliés, soleils, escortez-vous
Cet astre universel qui vous anime tous ?
En approchant de lui, pourrais-je entendre encore
Les merveilleux concerts dont jouit Pythagore,
Et que forment sans cesse, en des tons mesurés,
Tous les célestes corps l'un par l'autre attirés ?
D'autres en rediront la savante harmonie,
Moi, je sens succomber mon trop faible génie.

FONTANES.
1757-1821.

LE MEUNIER DE SANS-SOUCI

L'homme est dans ses écarts un étrange problème.
Qui de nous, en tous temps, est fidèle à soi-même?
Le commun caractère est de n'en pas avoir :
Le matin incrédule, il est dévot le soir.
Tel s'élève et s'abaisse, au gré de l'atmosphère,
Le liquide métal enfermé sous le verre.
L'homme est bien variable !... et ces malheureux rois,
Dont on dit tant de mal, ont du bon quelquefois;
Je l'avouerai sans peine et ferai plus encore,
J'en citerai pour preuve un trait qui les honore.
Il est de ce héros, de Frédéric second,
Qui tout roi qu'il était fut un penseur profond;
Redouté de l'Autriche, envié par Versailles,
Cultivant les beaux-arts au sortir des batailles,
D'un royaume nouveau la gloire et le soutien,
Grand roi, bon philosophe, et fort mauvais chrétien.
Il voulait se construire un agréable asile,
Où loin d'une étiquette arrogante et futile
Il pût, non végéter, boire et courir des cerfs,
Mais des faibles humains méditer les travers,
Et, mêlant la sagesse à la plaisanterie,
Souper avec d'Argens, Voltaire et Lamettrie.
Sur le coteau riant par le prince choisi,
S'élevait le moulin du meunier Sans-Souci.
Le vendeur de farine avait pour habitude
D'y vivre au jour le jour, exempt d'inquiétude;
Et de quelque côté que vînt souffler le vent,
Il y tournait son aile et s'endormait content.

LE MEUNIER DE SANS-SOUCI.

Très-bien achalandé, grâce à son caractère,
Ce moulin prit le nom de son propriétaire,
Et des hameaux voisins, les filles, les garçons,
Allaient à Sans-Souci pour danser aux chansons.
Sans-Souci!... ce doux nom d'un favorable augure
Devait plaire aux amis des dogmes d'Épicure.
Frédéric le trouva conforme à ses projets,
Et du nom d'un moulin honora son palais.
Hélas! est-ce une loi, sur notre pauvre terre,
Que toujours deux voisins entre eux auront la guerre,
Que la soif d'envahir et d'étendre ses droits
Tourmentera toujours les meuniers et les rois?
En cette occasion, le roi fut le moins sage;
Il lorgna du voisin le modeste héritage :
On avait fait des plans, fort beaux sur le papier,
Où le chétif enclos se perdait tout entier.
Il fallait sans cela renoncer à la vue,
Rétrécir la façade et courber l'avenue.
Des bâtiment royaux l'ordinaire intendant
Fit venir le meunier, et d'un ton important :
« — Il nous faut ton moulin ; que veux-tu qu'on te donne?
« — Rien du tout, car j'entends ne le vendre à personne.
« *Il vous faut* est fort bon ; mon moulin est à moi,
« Tout aussi bien au moins que la Prusse est au roi.
« — Allons, ton dernier mot, bonhomme, et prends-y-garde.
« — Faut-il vous parler clair? — Oui. — C'est que je le garde;
« Voilà mon dernier mot. » Ce refus effronté
Avec un grand scandale au prince est raconté.
Il mande auprès de lui le meunier indocile,
Presse, flatte, promet; ce fut peine inutile.
Sans-Souci s'obstinait : « Entendez la raison,
« Sire ; je ne peux pas vous vendre ma maison :
« Mon vieux père y mourut; mon fils y vient de naître,
« C'est mon Potsdam à moi ; je suis têtu peut-être,
« Ne l'êtes-vous jamais? Tenez, mille ducats

« Au bout de vos discours ne me tenteraient pas.
« Il faut vous en passer ; je l'ai dit, je persiste. »
Les rois malaisément souffrent qu'on leur résiste.
Frédéric, un moment par l'humeur emporté :
« Pardieu ! de ton moulin c'est bien être entêté !
« Je suis bon de vouloir t'engager à le vendre !
« Sais-tu que sans payer je pourrais bien le prendre,
« Je suis le maître.—Vous ? de prendre mon moulin ?
« Oui, si nous n'avions pas des juges à Berlin. »
Le monarque à ce mot revint de son caprice,
Charmé que sous son règne on crût à la justice.
Il rit ; et se tournant vers quelques courtisans :
« Ma foi, messieurs, je crois qu'il faut changer nos plans ;
« Voisin, garde ton bien ; j'aime fort ta réplique. »
Qu'aurait-on fait de mieux dans une république ?
Le plus sûr est pourtant de ne pas s'y fier ;
Ce même Frédéric, juste envers un meunier,
Se permit maintes fois telle autre fantaisie :
Témoin ce certain jour qu'il prit la Silésie,
Qu'à peine sur le trône, avide de lauriers,
Épris du beau renom qui séduit les guerriers,
Il mit l'Europe en feu. Ce sont là jeux de prince :
On respecte un moulin, on vole une province.

ANDRIEUX.
1759-1833.

LA FEUILLE

De ta tige détachée
Pauvre feuille desséchée,
Où vas-tu? Je n'en sais rien.
L'orage a frappé le chêne
Qui seul était mon soutien.
De son inconstante haleine,
Le zéphir ou l'aquilon
Depuis ce jour me promène
De la forêt à la plaine,
De la montagne au vallon.
Je vais où le vent me mène,
Sans me plaindre ou m'effrayer;
Je vais où va toute chose,
Où va la feuille de rose
Et la feuille de laurier.

ANTOINE-VINCENT ARNAULT.
1766-1834.

LE TOMBEAU DU JEUNE LABOUREUR

Il n'est plus, ce robuste et jeune laboureur
 Qui, doté d'une force antique,
Des plus ardents chevaux maîtrisait la fureur
 En dirigeant le char rustique.

LE TOMBEAU DU JEUNE LABOUREUR.

Par un bruit imprévu ses chevaux effrayés
    L'ont foulé sous leur pied rapide ;
Son corps dans des sentiers trompeurs et mal frayés,
    Tomba sous la roue homicide.

A la fleur de ses ans, par la mort arrêté,
    Il dort sous la tombe jalouse
Avec les longs regrets de la jeune beauté
    Qu'il crut s'attacher pour épouse.

Voilà le tertre vert, humble et froid monument,
    Où reposent ses tristes restes ;
C'est là qu'il attendra l'éternel jugement,
    Caché sous ces gazons modestes.

Pour lui tout n'est plus qu'ombre et, sous le vieil ormeau
    Où se rassemblait la jeunesse,
On ne le verra plus des danses du hameau
    Guider la bruyante allégresse.

Plus d'amours ! désormais ses yeux ne verront pas
    Briller au ciel ces jours de fête,
Où la vierge des champs pour orner ses appas
    De bluets couronnait sa tête.

On ne le verra plus, sous un soleil brûlant,
    Des vastes prés moissonner l'herbe,
Ou sous l'œil embrasé d'un ciel étincelant,
    D'un bras nerveux lier la gerbe.

On ne le verra plus conduire un char poudreux
    Aux flancs du coteau difficile,
Et, le fouet à la main, des chevaux vigoureux
    Guider la vitesse indocile.

Le voilà pour jamais dans la tombe endormi !
Touchés d'un soin pieux et tendre,
En vain ses compagnons pleurant leur jeune ami,
De larmes ont mouillé sa cendre.

Bientôt de leurs regrets, par le temps dispersés,
Fuira le décevant mensonge ;
Ses jours de leur mémoire à la longue effacés
N'y seront plus que comme un songe.

Ah ! quand l'homme est plongé dans la nuit sans réveil
Où tout court, et s'éclipse et tombe,
Il n'a plus pour amis que les feux du soleil
Qui, le soir, brillent sur sa tombe.

CHÊNEDOLLÉ.
1769-1833.

LE ROI D'YVETOT

Il était un roi d'Yvetot
Peu connu dans l'histoire ;
Se levant tard, se couchant tôt,
Dormant fort bien sans gloire ;
Et couronné par Jeanneton
D'un simple bonnet de coton,
Dit-on.
Oh ! oh ! oh ! oh ! ah ! ah ! ah ! ah !
Quel bon petit roi c'était là !
Là ! là !

Il faisait ses quatre repas
Dans son palais de chaume,
Et sur son âne, pas à pas,
Parcourait son royaume.
Joyeux, simple et croyant le bien,
Pour toute garde il n'avait rien
  Qu'un chien.
Oh! oh! oh! oh! ah! ah! ah! ah!
Quel bon petit roi c'était là!
  Là! là!

Il n'avait de goût onéreux
Qu'une soif un peu vive;
Mais en rendant son peuple heureux,
Il faut bien qu'un roi vive.
Lui-même à table et sans suppôt,
Sur chaque muid levait un pot
  D'impôt.
Oh! oh! oh! oh! ah! ah! ah! ah!
Quel bon petit roi c'était là!
  Là! là!

Il n'agrandit point ses États,
Fut un voisin commode,
Et, modèle des potentats,
Prit le plaisir pour code.
Ce n'est que lorsqu'il expira
Que le peuple, qui l'enterra,
  Pleura!
Oh! oh! oh! oh! ah! ah! ah! ah!
Quel bon petit roi c'était là!
  Là! là!

On conserve encor le portrait
De ce digne et bon prince :

C'est l'enseigne d'un cabaret
Fameux dans la province.
Les jours de fête, bien souvent,
La foule s'écrie en buvant
    Devant :
Oh! oh! oh! oh! ah! ah! ah! ah!
Quel bon petit roi c'était là!
    Là! là!

BÉRANGER
1780-1857.

LOUIS XI

Heureux villageois, dansons :
  Sautez, fillettes,
    Et garçons!
Unissez vos joyeux sons,
    Musettes
    Et chansons!

Notre vieux roi, caché dans ces tourelles,
  Louis, dont nous parlons tout bas,
Veut essayer, au temps des fleurs nouvelles,
  S'il peut sourire à nos ébats.

  Heureux villageois, dansons.....

LOUIS XI.

Quand sur nos bords on rit, on chante, on s'aime,
    Louis se retient prisonnier ;
Il craint les grands, et le peuple et Dieu même ;
    Surtout il craint son héritier.

    Heureux villageois, dansons.....

Voyez d'ici briller cent hallebardes,
    Aux yeux d'un soleil pur et doux.
N'entend-on pas le *qui vive !* des gardes
    Qui se mêle au bruit des verroux ?

    Heureux villageois, dansons. ...

Il vient, il vient ! Ah ! du plus humble chaume
    Le roi peut envier la paix :
Le voyez-vous, comme un pâle fantôme,
    A travers ces barreaux épais ?

    Heureux villageois, dansons.....

Dans nos hameaux quelle image brillante
    Nous nous faisions d'un souverain !
Quoi ! pour le sceptre une main défaillante !
    Pour la couronne un front chagrin !

    Heureux villageois, dansons.....

Malgré nos chants, il se trouble, il frissonne ;
    L'horloge a causé son effroi :
Ainsi toujours il prend l'heure qui sonne,
    Pour un signal de son beffroi.

    Heureux villageois, dansons.....

Mais notre joie, hélas! le désespère.
  Il fuit avec son favori.
Craignons sa haine, et disons qu'en bon père,
  A ses enfants il a souri.

  Heureux villageois, dansons;
    Sautez, fillettes
      Et garçons!
  Unissez vos joyeux sons,
    Musettes
      Et chansons!

BÉRANGER.

LE VIEUX CAPORAL

En avant! partez, camarades,
L'arme au bras, le fusil chargé.
J'ai ma pipe et vos embrassades;
Venez me donner mon congé.
J'eus tort de vieillir au service,
Mais pour vous tous, jeunes soldats,
J'étais un père à l'exercice :

  Conscrits, au pas,
  Ne pleurez pas,
  Ne pleurez pas,
  Marchez au pas,
Au pas, au pas, au pas, au pas!

Un morveux d'officier m'outrage ;
Je lui fends !... il vient d'en guérir.
On me condamne, c'est l'usage :
Le vieux caporal doit mourir.
Poussé d'humeur et de rogomme,
Rien n'a pu retenir mon bras.
Puis, moi, j'ai servi le grand homme.

  Conscrits, au pas...

Conscrits, vous ne troquerez guères
Bras ou jambes contre une croix.
J'ai gagné la mienne à ces guerres
Où nous bousculions tous les rois.
Chacun de vous payait à boire
Quand je racontais nos combats ;
Ce que c'est pourtant que la gloire !

  Conscrits au pas...

Qui là-bas sanglote et regarde ?
Eh ! c'est la veuve du tambour,
En Russie, à l'arrière-garde,
J'ai porté son fils nuit et jour.
Comme le père, enfant et femme
Sans moi restaient sous les frimas,
Elle va prier pour mon âme.

  Conscrits, au pas...

Morbleu ! ma pipe s'est éteinte ;
Non, pas encore... allons, tant mieux
Nous allons entrer dans l'enceinte ;
Çà ! ne me bandez pas les yeux.

Mes amis, fâché de la peine.
Surtout ne tirez point trop bas,
Et qu'au pays Dieu vous ramène !
    Conscrits, au pas,
    Ne pleurez pas,
    Ne pleurez pas,
    Marchez au pas,
Au pas, au pas, au pas, au pas !

BÉRANGER.

LA SAINTE ALLIANCE DES PEUPLES

J'ai vu la Paix descendre sur la terre
Semant de l'or, des fleurs et des épis.
L'air était calme et du Dieu de la guerre
Elle étouffait les foudres assoupis.
« Ah ! disait-elle, égaux par la vaillance,
Français, Anglais, Belge, Russe et Germain,
Peuples, formez une sainte alliance,
    Et donnez-vous la main.

Pauvres mortels, tant de haine vous lasse ;
Vous ne goûtez qu'un pénible sommeil.
D'un globe étroit divisez mieux l'espace.
Chacun de vous aura place au soleil.

Tous, attelés au char de la puissance,
Du vrai bonheur vous quittez le chemin ;
Peuples, formez une sainte alliance,
    Et donnez-vous la main.

Chez vos voisins vous portez l'incendie ;
L'aquilon souffle et vos toits sont brûlés ;
Et quand la terre est enfin refroidie,
Le soc languit sous des bras mutilés.
Près de la borne où chaque État commence,
Aucun épi n'est pur de sang humain :
Peuples, formez une sainte alliance,
    Et donnez-vous la main.

Des potentats dans vos cités en flammes,
Osent du bout de leur sceptre insolent
Marquer, compter et recompter les âmes
Que leur adjuge un triomphe sanglant.
Faibles troupeaux, vous passez sans défense
D'un joug pesant sous un joug inhumain.
Peuples, formez une sainte alliance,
    Et donnez-vous la main.

Que Mars en vain n'arrête point sa course ;
Fondez des lois dans vos pays souffrants.
De votre sang ne livrez plus la source
Aux rois ingrats, aux vastes conquérants.
Des astres faux conjurez l'influence,
Effroi d'un jour, ils pâliront demain.
Peuples, formez une sainte alliance,
    Et donnez-vous la main.

Ainsi parlait cette vierge adorée,
Et plus d'un roi répétait ses discours.

Comme au printemps la terre était parée,
L'automne en fleurs rappelait les amours.
Pour l'étranger, coulez, bons vins de France,
De sa frontière il reprend le chemin.
Peuples, formez une sainte alliance,
    Et donnons-nous la main.

BÉRANGER.

LA CHUTE DES FEUILLES

De la dépouille de nos bois
L'automne avait jonché la terre ;
Le bocage était sans mystère,
Le rossignol était sans voix.
Triste et mourant à son aurore
Un jeune malade, à pas lents,
Parcourait, une fois encore,
Le bois cher à ses premiers ans.
« Bois que j'aime, adieu ! je succombe.
Votre deuil a prédit mon sort,
Et dans chaque feuille qui tombe
Je lis un présage de mort.
Fatal oracle d'Épidaure,
Tu m'as dit : « Les feuilles des bois
« A tes yeux jauniront encore,
« Mais c'est pour la dernière fois.
« La nuit du trépas t'environne :
« Plus pâle que la pâle automne,

« Tu t'inclines vers le tombeau.
« Ta jeunesse sera flétrie
« Avant l'herbe de la prairie,
« Avant le pampre du coteau. »
Et je meurs ! De sa froide haleine
Un vent funeste m'a touché,
Et mon hiver s'est approché,
Quand mon printemps s'écoule à peine.
Arbuste en un seul jour détruit,
Quelques fleurs faisaient ma parure,
Mais ma languissante verdure
Ne laisse après elle aucun fruit.
Tombe, tombe, feuille éphémère,
Voile aux yeux ce triste chemin;
Cache au désespoir de ma mère
La place où je serai demain.
Mais, vers la solitaire allée,
Si mon amante désolée
Venait pleurer quand le jour fuit,
Éveille par un léger bruit
Mon ombre un instant consolée. »

Il dit... s'éloigne... et sans retour;
La dernière feuille qui tombe
A signalé son dernier jour :
Sous le chêne, on creusa sa tombe.
Mais ce qu'il aimait ne vint pas
Visiter la pierre isolée ;
Et le pâtre de la vallée
Troubla seul du bruit de ses pas
Le silence du mausolée.

MILLEVOYE.
1782-1816.

L'ARABE

AU TOMBEAU DE SON COURSIER

Élégie.

Ce noble ami, plus léger que les vents,
Il dort couché sous les sables mouvants.

O voyageur ! partage ma tristesse,
Mêle tes cris à mes cris superflus.
Il est tombé le roi de la vitesse !
L'air des combats ne le réveille plus.
Il est tombé dans l'éclat de sa course :
Le trait fatal a tremblé sur son flanc,
Et les flots noirs de son généreux sang
Ont altéré le cristal de la source.

Ce noble ami, plus léger que les vents,
Il dort couché sous les sables mouvants.

Du meurtrier j'ai puni l'insolence :
Sa tête horrible aussitôt a roulé ;
J'ai de son sang abreuvé cette lance,
Et sous mes pieds je l'ai longtemps foulé.
Puis, contemplant mon coursier sans haleine,
Morne et pensif, je l'appelai trois fois ;
En vain, hélas ! Il fut sourd à ma voix,
Et j'élevai sa tombe dans la plaine.

Ce noble ami, plus léger que les vents,
Il dort couché sous les sables mouvants.

L'ARABE AU TOMBEAU DE SON COURSIER.

Depuis ce jour, tourment de ma mémoire,
Nul doux soleil sur ma tête n'a lui;
Mort au plaisir, insensible à la gloire,
Dans le désert je traîne un long ennui.
Cette Arabie, autrefois tant aimée,
N'est plus pour moi qu'un immense tombeau;
On me voit fuir le sentier du chameau,
L'arbre d'encens et la plaine embaumée.

Ce noble ami, plus léger que les vents,
Il dort couché sous les sables mouvants.

Quand du midi le rayon nous dévore,
Il me guidait sous l'arbre hospitalier;
A mes côtés, il combattait le Maure,
Et sa poitrine était mon bouclier.
De mes travaux compagnon intrépide,
Fier et debout dès le réveil du jour;
Au rendez-vous et de guerre et d'amour,
Tu m'emportais comme l'éclair rapide.

Mais, noble ami, plus léger que les vents,
Tu dors couché sous les sables mouvants.

Tu vis souvent cette jeune Azéide,
Trésor d'amour, miracle de beauté;
Tu fus vanté de sa bouche perfide,
Ton cou nerveux de sa main fut flatté :
Moins douce était la timide gazelle;
Des verts palmiers elle avait la fraîcheur;
Un beau Persan me déroba son cœur,
Elle partit!... Tu me restas fidèle.

Mais, noble ami, plus léger que les vents,
Tu dors couché sous les sables mouvants.

MILLEVOYE.

L'HIPPOPOTAME ET LES INSECTES

L'hippopotame est laid de sa nature,
  Et je lui crois peu de raison :
  Mais il n'est point de créature
Qui ne puisse aux humains donner une leçon.
  Un de ces monstres amphibies,
  Les yeux fermés, les pattes accroupies,
Goûtait aux bords du Nil un instant de repos ;
Et fondant tout à coup sur cette masse épaisse
  Des insectes, de toute espèce,
De leurs dards à l'envi lui labouraient le dos.

« Courage, unissons-nous, déchirons-le sans cesse, »
  Disaient les guêpes aux cirons
  Et les fourmis aux pucerons,
« Sa grosseur fait injure à notre petitesse.
  Piquons toujours, nous le tuerons. »
« Piquez, mes bons amis, si cela peut vous plaire,
Leur répond sans bouger l'objet de leur colère,
  Je ne sens pas vos aiguillons. »

  Grands du monde, hommes de génie,
Vous tous que vos talents, votre prospérité
  Exposent aux traits de l'envie,
Si votre peau n'a point la même dureté,
  Suppléez-y par votre fermeté.
  Soyez en paix avec votre âme ;

Et moquez-vous de tous vos ennemis.
La bonne conscience et le juste mépris
Valent un cuir d'hippopotame.

JEAN PONS VIENNET.
1775-1866.

LE LOUP ET LES TROIS CHIENS

Que servent aux humains les leçons de l'histoire,
Et leur expérience et même leurs revers?
On leur a dit cent fois, en prose comme en vers :
« L'union fait la force et donne la victoire,
En face du péril, soyez toujours unis. »
Et quand le péril vient, rois, peuples et partis,
Perdent le sentiment et jusqu'à la mémoire
    Des désastres qu'ils ont subis.
D'un vaisseau dont jadis j'ai dépeint le naufrage,
    Vous souvient-il, mes chers lecteurs?
Battu par tous les vents, jouet de leurs fureurs,
Ce vaisseau de l'État me présentait l'image.
  « Vous périrez », disais-je à l'équipage :
Et l'équipage alors riait de mes terreurs.
Je disais vrai pourtant; et je n'en fais pas gloire.
Mais si dans l'avenir à mes yeux attristés
S'offrent d'autres périls, d'autres calamités,
Serai-je plus heureux? daignera-t-on me croire?
Et mes nouveaux conseils seront-ils écoutés?

LE LOUP ET LES TROIS CHIENS.

Non, non, les passions ont la voix plus hautaine
    Que la sagesse et la raison :
Et sans rien espérer de la folie humaine,
A mon pays encor j'adresse une leçon.

    Dans une ferme où régnait l'abondance,
Où le bonheur peut-être endormait la prudence,
S'était pendant la nuit, par surprise glissé,
Un loup des plus cruels, qui, par la faim pressé,
Par de longs hurlements signalait sa présence.
Là veillaient cependant trois chiens, dont le danger
    Avait souvent éprouvé le courage.
      L'un était un chien de berger
      Fier de son antique lignage,
Qui même prétendait avoir reçu des cieux
    Le périlleux et superbe apanage
De mener les troupeaux et de veiller sur eux.

Né d'un père divers, quoique de même race,
L'autre était un barbet, plus jeune, plus vivace,
Se croyant plus de droits pour être plus nouveau.
    Le troisième, à forte encolure,
    Grand querelleur de sa nature,
Grognard au nez camus, au large et gros museau,
Avait pour père un dogue, et dans mainte aventure
    Ses deux oreilles et sa peau
    Avaient reçu plus d'une égratignure.

Tous trois dans cette ferme ils avaient vu le jour,
Et longtemps de concert ils l'avaient défendue.
Mais enfin la discorde entre eux était venue
Pour un chenil par eux occupé tour à tour.
Chacun d'eux désormais le voulait sans partage.
    C'était un éternel tapage,

Un débat sans issue ; et les trois prétendants
 Se déchiraient à belles dents,
Quand ce loup affamé vint à leurs aboiements
 Mêler ses hurlements de rage.

Mes chiens de leur débat ont suspendu le cours,
 Mais non leur haine et leur rancune.
Les malheureux moutons, qui tremblaient pour leurs jours,
 Criaient en vain comme des sourds :
« Au loup, courez au loup, votre cause est commune.
Prêtez-vous l'un à l'autre un fraternel secours. »

Inutiles conseils ! incroyable délire !
Les chiens n'écoutent plus qu'un orgueilleux dépit.
A terrasser le loup chacun d'eux croit suffire.
Chacun en veut pour soi la gloire et le profit.
Mais d'un désastre affreux leur discorde est punie.
Le dogue, le premier, par sa fougue emporté,
 Sur le fumier ensanglanté,
Roule percé de coups, et demeure sans vie.
Le barbet qui le suit subit le même sort.
Le troisième, assailli sur le seuil de l'étable,
Pour réparer un tort, un crime irréparable,
 Fait un dernier et vain effort.
Sous la terrible dent d'un vainqueur intraitable,
Comme ses compagnons il a trouvé la mort ;
Et le troupeau, livré sans force et sans défense,
Au monstre qui de sang peut enfin s'abreuver,
Maudit en expirant la coupable démence
De ceux qui, plus unis, auraient pu le sauver.
 Mes chers lecteurs, je vous laisse y rêver,
 Et que Dieu protége la France !

VIENNET.

LA VALLÉE DE CHAMPROSAY

C'est ici que j'aurais dû naître,
Champrosay ! nom plein de douceur !
O ma maison, reçois ton maître !
Forêt, fleuve, coteau champêtre
Recevez votre possesseur !

Heureux qui, de son espérance
N'étend pas l'horizon trop loin,
Et satisfait d'un peu d'aisance,
De ce beau royaume de France
Possède à l'ombre un petit coin !

Un cerisier, près de mon Louvre,
Le cache et l'indique au regard ;
Devant, la Seine se découvre,
Et derrière, une porte s'ouvre
Sous les ombrages de Sénard.

Le domaine ne s'étend guère,
Mais il est selon mon trésor ;
Si liberté n'est pas chimère,
Pour vivre libre et lire Homère,
Bien portant, que faut-il encor ?

Pour m'agrandir, m'irai-je battre ?
Trois arpents sont assez pour moi ;
Dans trois arpents on peut s'ébattre.
Alcinoüs en avait quatre,
Mais Alcinoüs était roi.

Oh! bien fou qui jamais n'arrête
Ses vœux d'heure en heure plus grands,
De vœux nouveaux toujours en quête :
On blâme l'esprit de conquête !
On imite les conquérants.

Si les hommes pouvaient s'entendre !
Mais non, tant qu'il trouve un voisin,
Tout homme a le cœur d'Alexandre,
Et, prince ou bourgeois, veut étendre
Ou son royaume, ou son jardin.

Quant à moi, devenu plus sage
Et dans mes désirs satisfait,
Peu redoutable au voisinage,
Je ne demande à ce village
De lot que celui qu'il m'a fait ;

Content, si, m'assurant la vue
De la rivière et du coteau,
J'y puis seulement, sur la rue,
Joindre la place étroite et nue
Que borne en fleur le vieux sureau.

C'est tout... Et puis encor peut-être
Ce petit bois plein de gazon,
Qui se berce sous ma fenêtre,
Et semble m'attendre pour maître,
Caché derrière ma maison.

Rien de plus... Et si, murmurante,
Dans ce bois, devenu le mien,

Venait à luire une eau courante,
Alors... si ce n'est quelque rente,
Il ne me manquerait plus rien.

PIERRE LEBRUN.
Né en 1785.

LE CIEL D'ATHENES

Celui qui, loin de toi, né sous nos pâles cieux,
Athène, n'a point vu le soleil qui t'éclaire,
En vain il a cru voir le ciel luire à ses yeux;
Aveugle, il ne sait rien d'un soleil glorieux;
　　Il ne connaît pas la lumière.

Athène, mon Athène est le pays du jour;
C'est là qu'il luit! c'est là que la lumière est belle!
Là que l'œil enivré la puise avec amour,
Que la sérénité tient son brillant séjour,
　　Immobile, immense, éternelle!

Jusques au fond du ciel limpide et transparent,
Comme au fond d'une source on voit : tout l'œil y plonge
L'air scintille, moiré comme l'eau d'un courant,
Pur comme de beaux yeux, clair comme un front d'enfant
　　Doux comme l'été dans un songe.

Les nuages! Combien ils lui sont étrangers!
A ce bleu firmament ils n'osent faire injure;
Ou, s'il en vient parfois, rapides passagers,
Peints d'or, d'azur, de pourpre, ils flottent si légers
　　Que leur voile est une parure.

Ah! comme il me reporte à ce climat si pur
Ce ciel qui devant moi si tristement s'ennuie;
Dont le rideau jamais n'entr'ouvre un coin d'azur,
Où même les étés, comme l'hiver obscur,
 Passent sous un voile de pluie!

O soirs! lorsqu'au Pirée, au milieu d'un ciel d'or
Du golfe et de la mer rentraient les blanches voiles,
Que l'insensible nuit nous surprenait au bord,
Et que nous demeurions assis longtemps encor,
 Les yeux levés vers les étoiles!

L'air, ainsi qu'un lait pur, coulait délicieux;
La transparente nuit brillait bleue et sereine :
C'était un autre jour qui reposait les yeux,
Mais l'aube de la lune aux astres radieux
 Annonçait leur rêveuse reine.

Du Pentélique, alors, dans sa pâle beauté,
Elle montait sans bruit: les champs, les monts, les ondes,
Alors tout se taisait, hors mon cœur agité,
Plein d'un trouble inconnu, par degrés transporté
 Loin des hommes vers d'autres mondes.

Mais sitôt que l'iman, du haut du minaret,
De la nuit dans l'air pur chantait l'heure première,
Vers Athène à grands pas rentrant non sans regret,
Nous allions, au couvent, du souper déjà prêt,
 Chercher la table hospitalière.

« Quand reverrai-je Athène? » Ainsi de tous leurs vœux
Ses fils la demandaient sur la rive lointaine.
Sur leur pays souvent, je reporte les yeux,
Et transfuge du mien, souvent ici, comme eux,
 Je dis : « Quand reverrai-je Athène? »

La nuit en sommeillant j'y vais dans mon vaisseau,
J'y marche, parle, agis; le jour encor j'en rêve.
Tout m'y reporte, un arbre, une fleur, un oiseau,
Un son léger, le bruit des feuilles ou de l'eau,
    Ou la poussière qui s'élève.

Si je lis, et soudain que du lieu si connu,
Un nom sous mon regard passe par aventure,
En Attique soudain me voilà revenu :
L'œil fixe, sans objet, rêveur, le sein ému,
    J'interromps longtemps ma lecture!

Athène! Athène! adieu! Je ne dois plus te voir,
Mais mon âme toujours hantera tes demeures.
O mes vers! je rends grâce à votre heureux pouvoir,
Et dans mon souvenir vous avez fait ce soir
    Couler de délectables heures.

Pierre Lebrun.

MOISE

Le soleil prolongeait sur la cime des tentes
Ces obliques rayons, ces flammes éclatantes,
Ces larges traces d'or qu'il laisse dans les airs
Lorsqu'en un lit de sable il se couche aux déserts.
La pourpre et l'or semblaient revêtir la campagne.
Du stérile Nébo gravissant la montagne,
Moïse, homme de Dieu, s'arrête, et, sans orgueil,
Sur le vaste horizon promène un long coup d'œil.
Il voit d'abord Phasga que des figuiers entourent,
Puis, au delà des monts que ses regards parcourent,

S'étend tout Galaad, Ephraïm, Manassé
Dont le pays fertile à sa droite est placé ;
Vers le midi, Juda, grand et stérile, étale
Ses sables où s'endort la mer occidentale.
Plus loin, dans un vallon que le soir a pâli,
Couronné d'oliviers, se montre Nephtali ;
Dans des plaines de fleurs magnifiques et calmes
Jéricho s'aperçoit, c'est la ville des palmes ;
Et prolongeant ses bois, des plaines de Phogor
Le lentisque touffu s'étend jusqu'à Ségor ;
Il voit tout Canaan et la terre promise,
Où sa tombe, il le sait, ne sera point admise.
Il voit, sur les Hébreux étend sa grande main,
Puis, vers le haut du mont il reprend son chemin.

Or, des champs de Moab couvrant la vaste enceinte,
Pressés au large pied de la montagne sainte,
Les enfants d'Israël s'agitaient au vallon
Comme les blés épais qu'agite l'aquilon.
Dès l'heure où la rosée humecte l'or des sables,
Et balance sa perle au sommet des érables,
Prophète centenaire environné d'honneur,
Moïse était parti pour trouver le Seigneur.
On le suivait des yeux aux flammes de sa tête,
Et lorsque du grand mont il atteignit le faîte,
Lorsque son front perça le nuage de Dieu
Qui couronnait d'éclairs la cime du haut lieu,
L'encens brûla partout sur les autels de pierre,
Et six cent mille Hébreux couchés dans la poussière,
A l'ombre du parfum par le soleil doré,
Chantèrent d'une voix le cantique sacré ;
Et les fils de Lévi s'élevant sur la foule,
Tel qu'un bois de cyprès sur le sable qui roule,
Du peuple avec la harpe, accompagnant les voix,
Dirigeaient vers le ciel l'hymne du Roi des rois.

MOÏSE. 159

Et debout devant Dieu Moïse ayant pris place,
Dans le nuage obscur lui parlait face à face.

Il disait au Seigneur : « Ne finirai-je pas ?
Où voulez-vous encor que je porte mes pas ?
Je vivrai donc toujours puissant et solitaire ?
Laissez-moi m'endormir du sommeil de la terre !
Que vous ai-je donc fait pour être votre élu ?
J'ai conduit votre peuple où vous avez voulu ;
Voilà que son pied touche à la terre promise ;
De vous à lui qu'un autre accepte l'entremise,
Au coursier d'Israël qu'il attache le frein,
Je lui lègue mon livre et la verge d'airain.

Pourquoi vous fallut-il tarir mes espérances,
Ne pas me laisser homme avec mes ignorances,
Puisque du mont Horeb jusques au mont Nébo,
Je n'ai pas su trouver le lieu de mon tombeau ?
Hélas ! vous m'avez fait sage parmi les sages !
Mon doigt du peuple errant a guidé les passages,
J'ai fait pleuvoir le feu sur la tête des rois ;
L'avenir à genoux adorera mes lois ;
Des tombes des humains j'ouvre la plus antique ;
La mort trouve à ma voix une voix prophétique ;
Je suis très-grand, mes pieds sont sur les nations ;
Ma main fait et défait les générations.
Hélas, je suis, Seigneur, puissant et solitaire ;
Laissez-moi m'endormir du sommeil de la terre !

Sitôt que votre souffle a rempli le berger,
Les hommes se sont dit : Il nous est étranger ;
Et leurs yeux se baissaient devant mes yeux de flammes,
Car ils venaient, hélas ! d'y voir plus que mon âme.
J'ai vu l'amour s'éteindre et l'amitié tarir,
Les vierges se voilaient et craignaient de mourir.

M'enveloppant alors de la colonne noire,
J'ai marché devant tous, triste et seul dans ma gloire,
Et j'ai dit dans mon cœur : Que vouloir à présent?
Pour dormir sur un sein mon front est trop pesant,
Ma main laisse l'effroi sur la main qu'elle touche,
L'orage est dans ma voix, l'éclair est dans ma bouche;
Aussi, loin de m'aimer, voilà qu'ils tremblent tous;
Et quand j'ouvre les bras on tombe à mes genoux.
O Seigneur! j'ai vécu puissant et solitaire,
Laissez-moi m'endormir du sommeil de la terre! »

Or, le peuple attendait et, craignant son courroux
Priait sans regarder le mont du Dieu jaloux :
Car, s'il levait les yeux, les flancs noirs du nuage
Roulaient et redoublaient les foudres de l'orage,
Et le feu des éclairs, aveuglant les regards,
Enchaînait tous les fronts courbés de toutes parts.
Bientôt le haut du mont reparut sans Moïse,
Il fut pleuré. — Marchant vers la terre promise,
Josué s'avançait pensif et pâlissant,
Car il était déjà l'élu du Tout-Puissant.

ALFRED DE VIGNY
1797-1863.

FRAGMENT D'ELOA

Sur la neige des monts, couronne des hameaux,
L'Espagnol a blessé l'aigle des Asturies
Dont le vol menaçait ses blanches bergeries;
Effrayé, l'oiseau part et fait pleuvoir le sang,

Monte aussi vite au ciel que l'éclair en descend,
Regarde son soleil, d'un bec ouvert l'aspire,
Croit reprendre la vie au flamboyant empire ;
Dans un fluide d'or il nage puissamment,
Et parmi les rayons se balance un moment.
Mais l'homme l'a frappé d'une atteinte trop sûre ;
Il sent le plomb chasseur fondre dans sa blessure ;
Son aile se dépouille, et son royal manteau
Vole comme un duvet qu'arrache le couteau :
Dépossédé des airs, son poids le précipite ;
Dans la neige du mont il s'enfonce et palpite,
Et la glace terrestre a d'un pesant sommeil
Fermé cet œil puissant respecté du soleil.

Tel retrouvant ses maux au fond de sa mémoire,
L'ange maudit pencha sa chevelure noire,
Et se dit, pénétré d'un chagrin infernal :
« — Triste amour du péché ! Sombres désirs du mal,
De l'orgueil du savoir gigantesques pensées !
Comment ai-je connu vos ardeurs insensées ?
Maudit soit le moment où j'ai mesuré Dieu !
Simplicité du cœur à qui j'ai dit adieu,
Je tremble devant toi, mais pourtant je t'adore ;
Je suis moins criminel puisque je t'aime encore ;
Mais dans mon sein flétri tu ne reviendras pas !
Loin de ce que j'étais, quoi ! j'ai fait tant de pas !
Et de moi-même à moi si grande est la distance
Que je ne comprends plus ce que dit l'innocence ;
Je souffre, et mon esprit par le mal abattu
Ne peut plus remonter jusqu'à tant de vertu.

Qu'êtes vous devenus, jours de paix, jours célestes ?
Quand j'allais le premier de ces anges modestes,
Prier à deux genoux devant l'antique loi,
Et ne pensais jamais au delà de la foi ?

L'Eternité pour moi s'ouvrait comme une fête;
Et des fleurs dans mes mains, des rayons sur ma tête,
Je souriais, j'étais... j'aurais peut-être aimé ! »
Le tentateur lui-même était presque charmé,
Il avait oublié son art et sa victime,
Et son cœur un moment se reposa du crime.
Il répétait tout bas et le front dans ses mains :
« Si je vous connaissais, ô larmes des humains ! »

ALFRED DE VIGNY.

LA MORT DE JEANNE D'ARC

A qui réserve-t-on ces apprêts meurtriers?
    Pour qui ces torches qu'on excite?
    L'airain sacré tremble et s'agite...
D'où vient ce bruit lugubre, où courent ces guerriers,
Dont la foule à longs flots roule et se précipite?
    La joie éclate sur leurs traits;
    Sans doute l'honneur les enflamme;
Ils vont pour un assaut former leurs rangs épais :
    Non, ces guerriers sont des Anglais
    Qui vont voir mourir une femme.

    Qu'ils sont nobles dans leur courroux!
Qu'il est beau d'insulter un bras chargé d'entraves!
La voyant sans défense, ils s'écriaient ces braves :
    « Qu'elle meure, elle a contre nous
« Des esprits infernaux suscité la magie.... »
    Lâches que lui reprochez-vous?

D'un courage inspiré la brûlante énergie,
L'amour du nom français, le mépris du danger,
    Voilà sa magie et ses charmes.
    En faut-il d'autres que des armes
Pour combattre, pour vaincre et punir l'étranger?

Du Christ avec ardeur Jeanne baisait l'image;
Ses longs cheveux épars flottaient au gré des vents:
Au pied de l'échafaud, sans changer de visage
    Elle s'avançait à pas lents.
Tranquille, elle y monta; quand, debout sur le faîte,
Elle vit ce bûcher qui l'allait dévorer,
Les bourreaux en suspens, la flamme déjà prête,
Sentant son cœur faillir, elle baissa la tête
    Et se prit à pleurer.

    Ah! pleure, fille infortunée;
    Ta jeunesse va se flétrir
    Dans sa fleur trop tôt moissonnée!
    Adieu, beau ciel, il faut mourir!

Tu ne reverras plus tes riantes montagnes,
Le temple, le hameau, les champs de Vaucouleurs,
    Et ta chaumière et tes compagnes,
Et ton père expirant sous le poids des douleurs.

Après quelques instants d'un horrible silence
Tout à coup le feu brille, il s'irrite, il s'élance...
Le cœur de la guerrière alors s'est ranimé;
A travers les vapeurs d'une fumée ardente,
    Jeanne, encor menaçante,
Montre aux Anglais son bras à demi consumé.

Pourquoi reculer d'épouvante,
Anglais? son bras est désarmé.
La flamme l'environne, et sa voix expirante
Murmure encore : O France! ô mon roi bien-aimé.

CASIMIR DELAVIGNE.
1793-1843.

LA PAUVRE FILLE

J'ai fui ce pénible sommeil
Qu'aucun songe heureux n'accompagne;
J'ai devancé sur la montagne,
Les premiers rayons du soleil.

S'éveillant avec la nature
Le jeune oiseau chantait sur l'aubépine en fleurs;
Sa mère lui portait sa douce nourriture;
Mes yeux se sont mouillés de pleurs!

Ah! pourquoi n'ai-je pas de mère?
Pourquoi ne suis-je pas semblable au jeune oiseau
Dont le nid se balance aux branches de l'ormeau?
Rien ne m'appartient sur la terre;
Je n'ai pas même de berceau;
Et je suis un enfant trouvé sur une pierre
Devant l'Église du hameau.

LA PAUVRE FILLE.

Loin de mes parents exilée,
De leurs embrassements j'ignore la douceur,
Et les enfants de la vallée
Ne m'appellent jamais leur sœur !
Je ne partage point les jeux de la veillée ;
Jamais sous un toit de feuillée
Le joyeux laboureur ne m'invite à m'asseoir,

Et de loin je vois sa famille,
Autour du sarment qui petille,
Chercher sur ses genoux les caresses du soir.
Vers la chapelle hospitalière
En pleurant j'adresse mes pas :
La seule demeure ici-bas
Où je ne sois point étrangère,
La seule devant moi qui ne se ferme pas.

Souvent je contemple la pierre
Où commencèrent mes douleurs ;
J'y cherche la trace des pleurs
Qu'en m'y laissant peut-être y répandit ma mère !

Souvent aussi mes pas errants
Parcourent des tombeaux l'asile solitaire ;
Mais pour moi les tombeaux sont tous indifférents ;
La pauvre fille est sans parents,
Au milieu des cercueils ainsi que sur la terre.
J'ai pleuré quatorze printemps
Loin des bras qui m'ont repoussée ;
Reviens, ma mère, je t'attends ;
Sur la pierre où tu m'as laissée.

ALEX. SOUMET.
1785-1845.

L'ANGE GARDIEN

Oh! qu'il est beau cet esprit immortel,
Gardien sacré de notre destinée :
Des fleurs d'Eden sa tête est couronnée;
Il resplendit de l'éclat éternel.
Dès le berceau sa voix mystérieuse,
Des vœux confus d'une âme ambitieuse
Sait réprimer l'impétueuse ardeur,
Et, d'âge en âge, il nous guide au bonheur.

L'ENFANT

Dans cette nuit obscure à mes regards voilée,
Quel destin m'est promis? à quoi suis-je appelée?
Avide d'un espoir qu'à peine j'entrevois,
Mon cœur voudrait franchir plus de jours à la fois!
Si la nuit règne aux cieux, une ardente insomnie
A ce cœur inquiet révèle son génie.
Mes compagnes en vain m'appellent; et ma main
De la main qui l'attend s'éloigne avec dédain

L'ANGE

Crains, jeune enfant, la tristesse sauvage
Dont ton orgueil subit la vaine loi.
Loin de les fuir, cours aux jeux de ton âge;
Jouis des biens que le ciel fit pour toi :
Aux doux ébats de l'innocente joie
N'oppose plus un front triste et rêveur;
Sous l'œil de Dieu, suis ta riante voie;
Enfant, crois-moi, je conduis au bonheur.

LA JEUNE FILLE

Quel immense horizon devant moi se révèle :
A mes regards ravis que la nature est belle !
Tout ce que sent mon âme ou qu'embrassent mes yeux
S'exhale de ma bouche en sons mélodieux.
Où courent ces rivaux armés du luth sonore ?
Dans cette arène il est quelques places encore ;
Ne puis-je à leurs côtés me frayant un chemin,
M'élancer seule et libre et la lyre à la main ?

L'ANGE

Seule couronne à ton front destinée,
Déjà blanchit la fleur de l'oranger ;
D'un saint devoir doucement enchaînée,
Que ferais-tu d'un espoir mensonger ?
Loin des sentiers dont ma main te repousse,
Ne pleure pas un dangereux honneur,
Suis une route et plus humble et plus douce ;
Vierge, crois-moi, je conduis au bonheur.

LA FEMME

Oh ! laissez-moi charmer les heures solitaires ;
Sur ce luth ignoré laissez errer mes doigts,
Laissez naître et mourir ces notes passagères,
Comme les sons plaintifs d'un écho dans les bois.
Je ne demande rien aux brillantes demeures,
Des plaisirs fastueux inconstant univers ;
Loin du monde et du bruit laissez couler mes heures,
Avec ces doux accords à mon repos si chers.

L'ANGE

As-tu réglé dans ton modeste empire,
Tous les travaux, les repas, les loisirs?
Tu peux alors accorder à ta lyre
Quelques instants ravis à tes plaisirs.
Le rossignol élève sa voix pure,
Mais dans le nid du nocturne chanteur
Est le repos, l'abri, la nourriture.....
Femme, crois-moi, je conduis au bonheur.

LA MÈRE

Revenez, revenez, songes de ma jeunesse ;
Éclatez, nobles chants, lyre, réveillez-vous !
Je puis forcer la gloire à tenir sa promesse :
Recueillis pour mon fils, ses lauriers seront doux.
Oui, je veux à ses pas aplanir la carrière,
A son nom jeune encore offrir l'abri du mien,
Pour le conduire au but, y toucher la première,
Et tenter l'avenir pour assurer le sien.

L'ANGE

Vois ce berceau, ton enfant y repose ;
Tes chants hardis vont troubler son sommeil.
T'éloignes-tu? ton absence l'expose
A te chercher en vain à son réveil.
Si tu frémis pour son naissant voyage,
De sa jeune âme excite la vigueur :
Voilà ton but, ton espoir, ton ouvrage ;
Mère, crois-moi, je conduis au bonheur.

LA VIELLE FEMME

L'hiver sur mes cheveux étend sa main glacée,
Il est donc vrai? mes vœux n'ont pu vous arrêter,
Jours rapides? Et vous, pourquoi donc me quitter,
Rêves harmonieux qu'enfantait ma pensée?
Hélas! sans la toucher, j'ai laissé se flétrir
La palme qui m'offrait un verdoyant feuillage,
Et ce feu qu'attendait le phare du rivage,
Dans un foyer obscur je l'ai laissé mourir.

L'ANGE

Ce feu sacré renfermé dans ton âme,
S'y consumait, loin des profanes yeux;
Comme l'encens offert dans les saints lieux,
Quelques parfums ont seul trahi sa flamme.
D'un art heureux tu connus la douceur,
Sans t'égarer sur les pas de la gloire;
Jouis en paix d'une telle mémoire;
Femme, crois-moi, je conduis au bonheur.

LA MOURANTE

Je sens pâlir mon front et ma voix presque éteinte
Salue, en expirant, l'approche du trépas.
D'une innocente vie on peut sortir sans crainte,
Et mon céleste ami ne m'abandonne pas.
Mais quoi! ne rien laisser après moi de moi-même!
Briller, trembler, mourir comme un triste flambeau!
Ne pas léguer du moins mes chants à ceux que j'aime,
Un souvenir au monde, un nom à mon tombeau!

L'ANGE

Il luit pour toi le jour de la promesse :
Au port sacré je te dépose enfin ;
Et près des cieux ta coupable faiblesse
Pleure un vain nom, dans un monde plus vain !
La tombe attend tes dépouilles mortelles,
L'oubli tes chants ; mais l'âme est au Seigneur :
L'heure est venue, entends frémir mes ailes,
Viens, suis mon vol, je conduis au bonheur.

Mme AMABLE TASTU.

QU'EST-CE QUE VIEILLIR ?

A Mme GUIZOT, pour ses quatre-vingts ans.

Qu'est-ce donc que vieillir, quand pleins d'œuvres fécondes
Nous voyons doucement s'amonceler nos jours,
Comme au temps des moissons où les javelles blondes
Avec l'heure qui fuit, vont s'amassant toujours ?

Qu'est-ce donc que vieillir, quand cet âge n'enlève
A nos jeunes penchants qu'un peu d'âpre verdeur,
Quand l'esprit et le cœur gardent toute leur sève,
Comme un vin généreux que le temps rend meilleur ?

Qu'est-ce donc que vieillir, quand le front se couronne,
D'un nom qui, transmis pur, nous revient glorieux,
Quand de chers rejetons parfument notre automne,
Des fleurs de leur printemps écloses sous nos yeux?

Qu'est-ce donc que vieillir enfin? quand la journée
Est reçue ou quittée avec un cœur pieux,
Et qu'un sublime espoir nous compte chaque année
Comme un degré de plus qui rapproche des cieux?

Ah! que les tendres vœux de tout ce qui vous aime,
Et trouve auprès de vous quelque bien à cueillir,
Arrivent écoutés jusqu'au trône suprême!
Vous nous direz longtemps : Qu'est-ce donc que vieillir?

Mme AMABLE TASTU

INVOCATION

Toi qui donnas sa voix à l'oiseau de l'aurore,
Pour chanter dans le ciel l'hymne naissant du jour ;
Toi qui donnas son âme et son gosier sonore
A l'oiseau que le soir entend gémir d'amour ;

Toi qui dis aux forêts : répondez au zéphire !
Aux ruisseaux : Murmurez d'harmonieux accords !
Aux torrents : Mugissez ! A la brise : Soupire !
A l'Océan : Gémis en mourant sur tes bords !

Et moi, Seigneur, aussi, pour chanter tes merveilles,
Tu m'as donné dans l'âme une seconde voix,
Plus pure que la voix qui parle à nos oreilles,
Plus forte que les vents, les ondes et les bois !

Les cieux l'appellent Grâce, et les hommes Génie ;
C'est un souffle affaibli des bardes d'Israël,
Un écho dans mon sein qui change en harmonie
Le retentissement de ce monde mortel !

Mais c'est surtout ton nom, ô Roi de la nature,
Qui fait vibrer en moi, cet instrument divin ;
Quand j'invoque ce nom, mon cœur plein de murmure
Résonne comme un temple où l'on chante sans fin !

Comme un temple rempli de voix et de prières,
Où d'échos en échos le son roule aux autels ;
Eh quoi ! Seigneur, ce bronze, et ce marbre, et ces pierres
Retentiraient-ils mieux que le cœur des mortels ?

Non, mon Dieu, non, mon Dieu ! grâce à mon saint partage,
Je n'ai point entendu monter jamais vers toi
D'accords plus pénétrants, de plus divin langage
Que ces concerts muets qui s'élèvent en moi !

Mais la parole manque à ce brûlant délire,
Pour contenir ce feu tous les mots sont glacés,
Eh ! qu'importe, Seigneur, la parole à ma lyre ?
Je l'entends, il suffit ; tu réponds, c'est assez

    Don sacré du Dieu qui m'enflamme,
    Harpe qui fais trembler mes doigts,
    Sois toujours le cri de mon âme,
    A Dieu seul rapporte ma voix ;

INVOCATION.

Je frémis d'amour et de crainte
Quand, pour toucher ta corde sainte,
Son esprit daigna me choisir !
Moi devant lui moins que poussière,
Moi dont jusqu'alors l'âme entière
N'était que silence et désir !

Hélas ! et j'en rougis encore,
Ingrat au plus beau de ses dons,
Harpe que l'ange même adore,
Je profanai tes premiers sons ;
Je fis ce que ferait l'impie,
Si ses mains, sur l'autel de vie,
Abusaient des vases divins,
Et s'il couronnait le calice,
Le calice du sacrifice,
Avec les roses des festins !

Mais j'en jure par cette honte
Dont rougit mon front confondu,
Et par cet hymne qui remonte
Au ciel dont il est descendu,
J'en jure par ce nom sublime
Qui ferme et qui rouvre l'abîme,
Par l'œil qui lit au fond des cœurs,
Par ce feu sacré qui m'embrase,
Et par ces transports de l'extase
Qui trempent tes cordes de pleurs !

De tes accents mortels j'ai perdu la mémoire ;
Nous ne chanterons plus qu'une éternelle gloire
Au seul digne, au seul saint, au seul grand, au seul bon ;
Mes jours ne seront plus qu'un éternel délire,
Mon âme qu'un cantique, et mon cœur qu'une lyre,
Et chaque souffle enfin que j'exhale ou j'aspire,
    Un accord à ton nom !

Élevez-vous, voix de mon âme,
Avec l'aurore, avec la nuit !
Élancez-vous comme la flamme,
Répandez-vous comme le bruit !
Flottez sur l'aile des nuages,
Mêlez-vous aux vents, aux orages,
Au tonnerre, au fracas des flots ;
L'homme en vain ferme sa paupière ;
L'hymne éternel de la prière
Trouvera partout des échos !

Ne craignez pas que le murmure
De tous ces astres à la fois,
Ces mille voix de la nature
Étouffent votre faible voix !
Tandis que les sphères mugissent,
Et que les sept cieux retentissent
Des bruits roulants en son honneur,
L'humble écho que l'âme réveille
Porte en mourant à son oreille
La moindre voix qui dit : Seigneur !

Élevez-vous dans le silence
A l'heure où dans l'ombre du soir
La lampe des nuits se balance
Quand le prêtre éteint l'encensoir ;
Élevez-vous au bord des ondes,
Dans ces solitudes profondes
Où Dieu se révèle à la foi !
Chantez dans mes heures funèbres :
Amour, il n'est point de ténèbres
Point de solitude avec toi !

Je ne suis plus qu'une pensée,
L'univers est mort dans mon cœur,

INVOCATION.

Et sous cette cendre glacée
Je n'ai trouvé que le Seigneur ;
Qu'il éclaire ou trouble ma voie,
Mon cœur, dans les pleurs ou la joie,
Porte Celui dont il est plein ;
Ainsi le flot roule une image ;
Et des nuits le dernier nuage
Porte l'aurore dans son sein.

Qu'il est doux de voir sa pensée,
Avant de chercher ses accents,
En mètres divins cadencée,
Monter soudain comme l'encens !
De voir ses timides louanges,
Comme sur la harpe des anges,
Éclore en sons dignes des cieux,
Et jusqu'aux portes éternelles
S'élever sur leurs propres ailes
Avec un vol harmonieux !

Un jour cependant, ô ma lyre,
Un jour assoupira ta voix !
Tu regretteras ce délire
Dont tu t'enivrais sous mes doigts :
Les ans terniront cette glace
Où la nature te retrace
Les merveilles du Saint des saints !
Le temps qui flétrit ce qu'il touche,
Ravira les sons sur ma bouche,
Et les images sous mes mains.

Tu ne répandras plus mon âme
En flots d'harmonie et d'amour
Mais le sentiment qui m'enflamme
Survivra jusqu'au dernier jour ;

Semblables à ces sommets arides
Dont l'âge a dépouillé les rides
De leur ombre et de leurs échos,
Mais qui dans leurs flancs sans verdure
Gardent une onde qui murmure,
Et dont le ciel nourrit les flots.

Ah ! quand ma fragile mémoire,
Comme une urne dont l'onde a fui,
Aura perdu ces chants de gloire
Que ton Dieu t'inspire aujourd'hui,
De ta défaillante harmonie
Ne rougis pas, ô mon génie !
Quand ta corde n'aurait qu'un son,
Harpe fidèle, chante encore
Le Dieu que ma jeunesse adore,
Car c'est un hymne que son nom !

LAMARTINE.
1794-1869.

HYMNE DE LA NUIT

Le jour s'éteint sur tes collines,
O terre où languissent mes pas !
Quand pourrez-vous, mes yeux, quand pourrez-vous, hélas
Saluer les splendeurs divines
Du jour qui ne s'éteindra pas ?

Sont-ils ouverts pour les ténèbres
 Ces regards altérés du jour?
De son éclat, ô nuit, à tes ombres funèbres,
 Pourquoi passent-ils tour à tour?

 Mon âme n'est point lasse encore
 D'admirer l'œuvre du Seigneur;
Les élans embrasés de ce sein qui l'adore
 N'avaient point épuisé mon cœur.

Dieu du jour! Dieu des nuits! Dieu de toutes les heures!
Laisse-moi m'envoler sur les feux du soleil;
Où va vers l'occident ce nuage vermeil?
Il va voiler le seuil de tes saintes demeures
Où l'œil ne connaît plus la nuit ni le sommeil!
Cependant ils sont beaux à l'œil de l'espérance,
Les champs du firmament ombragés par la nuit;
Mon Dieu! dans ses déserts mon œil retrouve et suit
 Les miracles de ta présence!

Ces chœurs étincelants que ton doigt seul conduit,
Cet océan d'azur où leur foule s'élance,
Ces fanaux allumés de distance en distance,
Cet astre qui paraît, cet astre qui s'enfuit;
Je les comprends, Seigneur, tout chante, tout m'instruit
Que l'abîme est comblé par ta magnificence,
Que les cieux sont vivants et que ta providence
Remplit de sa vertu tout ce qu'elle a produit!
 Ces flots d'or, d'azur, de lumière,
Ces mondes nébuleux que l'œil ne compte pas,
 O mon Dieu, c'est la poussière
 Qui s'élève sous tes pas!

 O nuits, déroulez en cadence
 Les pages du livre des cieux;

Astres, gravitez en silence
Dans vos sentiers harmonieux ;
Durant ces heures solennelles,
Aquilons, repliez vos ailes ;
Terre, assoupissez vos échos ;
Étends tes vagues sur les plages,
O mer ! et berce les images
Du Dieu qui t'a donné tes flots !

Savez-vous son nom ? La nature
Réunit en vain ses cent voix,
L'étoile à l'étoile murmure
« Quel Dieu nous imposa nos lois ? »
La vague à la vague demande :
« Quel est celui qui nous gourmande ? »
La foudre dit à l'aquilon :
« Sais-tu comment ton Dieu se nomme ? »
Et les astres, la terre et l'homme
Ne peuvent achever son nom.

Que tes temples, Seigneur, sont étroits pour mon âme !
Tombez, murs impuissants, tombez !
Laissez-moi voir ce ciel que vous me dérobez !
Architecte divin, tes dômes sont de flamme.
Que tes temples, Seigneur, sont étroits pour mon âme !
Tombez, murs impuissants, tombez !

Voilà le temple où tu résides ;
Sous la voûte du firmament
Tu ranimes ces feux rapides
Par leur éternel mouvement !
Tous ces enfants de ta parole,
Balancés sur leur double pôle,
Nagent au sein de tes clartés,
Et des cieux où leurs feux pâlissent.

Sur notre globe ils réfléchissent
Les feux à toi-même empruntés!

    L'Océan se joue
    Aux pieds de son roi;
    L'aquilon secoue
    Ses ailes d'effroi.
    La foudre te loue
    Et combat pour toi.
    L'éclair, la tempête,
    Couronnent ta tête
    D'un triple rayon;
    L'aurore t'admire,
    Le jour te respire,
    Et la nuit expire
    D'amour à ton nom!

Et moi, pour te louer, Dieu des soleils, qui suis-je?
    Atome dans l'immensité,
    Minute dans l'éternité,
Ombre qui passe et qui n'a plus été,
    Peux-tu m'entendre sans prodige?
    Ah! le prodige est ta bonté!

Je ne suis rien, Seigneur, mais ta soif me dévore;
L'homme est néant, mon Dieu, mais ce néant t'adore,
    Il s'élève par son amour :
Tu ne peux mépriser l'insecte qui t'honore,
Tu ne peux repousser cette voix qui t'implore,
    Et qui, vers ton divin séjour,
      Quand l'ombre s'évapore,
      S'élève avec l'aurore,
      Le soir gémit encore,
      Renaît avec le jour.

Oui, dans ces champs d'azur que ta splendeur inonde,
Où ton tonnerre gronde,
Où tu veilles sur moi,
Ces accents, ces soupirs animés par la foi
Vont chercher, d'astre en astre, un Dieu qui me réponde
Et d'échos en échos, comme des voix sur l'onde,
Roulant de monde en monde,
Retentir jusqu'à toi.

LAMARTINE.

HYMNE DU MATIN

Pourquoi bondissez-vous sur la plage écumante,
Vagues dont aucun vent n'a creusé les sillons ?
Pourquoi secouez-vous votre écume fumante
En légers tourbillons ?
Pourquoi balancez-vous vos fronts que l'aube essuie,
Forêts qui tressaillez avant l'heure du bruit ?
Pourquoi de vos rameaux répandez-vous en pluie
Les pleurs silencieux dont vous baigna la nuit ?

Pourquoi relevez-vous, ô fleurs, vos pleins calices
Comme un front inspiré que relève l'amour ?
Pourquoi dans l'ombre humide exhaler ces prémices
Des parfums qu'aspire le jour !

Ah ! renfermez-les encore,
Gardez les fleurs que j'adore,

Pour l'haleine de l'aurore,
Pour l'ornement du saint lieu !
Le ciel de pleurs vous inonde,
L'œil du matin vous féconde,
Vous êtes l'encens du monde
Qu'il fait remonter à Dieu.

Vous qui des ouragans laissiez flotter l'empire,
Et dont l'ombre des nuits endormait le courroux,
Sur l'onde qui gémit, sous l'herbe qui soupire,
Aquilons, autan, zéphire,
Pourquoi vous éveillez-vous ?

Et vous qui reposiez sous la feuillée obscure
Qui vous a réveillés dans vos nids de verdure ?
Oiseaux des ondes ou des bois,
Hôtes des sillons ou des toits,
Pourquoi confondez-vous vos voix
Dans ce vague et confus murmure
Qui meurt et renaît à la fois
Comme un soupir de la nature ?

Voix qui nagez dans le bleu firmament,
Voix qui roulez sur le flot écumant,
Voix qui volez sur les ailes du vent,
Chantres des airs que l'instinct seul éveille,
Joyeux concerts, léger gazouillement
Plaintes, accords, tendre roucoulement,
Qui chantez-vous pendant que tout sommeille ?
La nuit a-t-elle une oreille
Digne de ce chœur charmant ?
Attendez que l'ombre meure,
Oiseaux, ne chantez qu'à l'heure
Où l'aube naissante effleure
Les neiges du mont lointain.

HYMNE DU MATIN.

Dans l'hymne de la nature
Seigneur, chaque créature
Forme à son heure en mesure
Un son du concert divin ;
Oiseaux, voix céleste et pure,
Soyez le premier murmure
Que Dieu reçoit du matin.

Et moi, sur qui la nuit verse un divin dictame,
Qui sous le poids des jours courbe un front abattu,
Quel instinct de bonheur me réveille ? O mon âme !
Pourquoi me réjouis-tu ?

C'est que le ciel s'entr'ouve ainsi qu'une paupière
Quand des vapeurs des nuits les regards sont couverts ;
Dans les sentiers de pourpre, aux pas du jour ouverts,
Les monts, les flots, les déserts,
Ont pressenti la lumière,
Et son axe de flamme, aux bords de sa carrière
Tourne et creuse déjà son éclatante ornière,
Sur l'horizon roulant des mers.

Chaque être s'écrie :
C'est lui, c'est le jour !
C'est lui, c'est la vie !
C'est lui, c'est l'amour !
Dans l'ombre assouplie
Le ciel se replie
Comme un pavillon ;
Roulant son image
Le léger nuage
Monte, flotte et nage
Dans son tourbillon ;
La nue orageuse

Se fend et lui creuse
Sa pourpre écumeuse
En brillant sillon ;
Il avance, il foule
Ce chaos qui roule
Ses flots égarés ;
L'espace étincelle,
La flamme ruisselle
Sous ses pieds sacrés ;
La terre encore sombre
Lui tourne dans l'ombre
Ses flancs altérés ;
L'ombre est adoucie,
Les flots éclairés ;
Des monts colorés
La cime est jaunie ;
Des rayons dorés
Tout reçoit la pluie ;
Tout vit, tout s'écrie :
C'est lui, c'est le jour !
C'est lui, c'est la vie !
C'est lui, c'est l'amour !

O Dieu, vois dans les airs ! l'aigle éperdu s'élance
    Dans l'abîme éclatant des cieux ;
Sous les vagues de feu que bat son aile immense,
Il lutte avec les vents, il plane, il se balance ;
L'écume du soleil l'enveloppe à nos yeux ;
Est-il allé porter jusques en ta présence,
Des airs dont il est roi le sublime silence,
    Ou l'hommage mystérieux ?

O Dieu, vois sur les mers ! le regard de l'aurore
Enfle le sein dormant de l'Océan sonore,

Qui, comme un cœur d'amour ou de joie oppressé,
Presse le mouvement de son flot cadencé,
    Et dans ses lames garde encore
Le sombre azur du ciel que la nuit a laissé ;
Comme un léger sillon qui se creuse et frissonne
Dans un champ où la brise a balancé l'épi,
Un flot naît d'une ride ; il murmure, il sillonne
L'azur muet encor de l'abîme assoupi ;
Il roule sur lui-même, il s'allonge, il s'abîme ;
    Le regard le perd un moment :
Où va-t-il ? il revient, revomi par l'abîme ;
Il dresse en mugissant sa bouillonnante cime ;
Le jour semble rouler sur son dos écumant ;
Il entraîne en passant les vagues qu'il écrase,
S'enfle de leurs débris et bondit sur sa base ;
Puis enfin, chancelant comme une vaste tour,
Ou comme un char fumant brisé dans la carrière,
    Il croule, et sa poussière
    En flocons de lumière
Roule et disperse au loin tous ces fragments du jour.

La barque du pêcheur tend son aile sonore
Où le vent du matin vient déjà palpiter,
Et bondit sur les flots que l'ancre va quitter,
    Pareille au coursier qui dévore
    Le frein qui semble l'irriter.

    Le navire, enfant des étoiles,
Luit comme une colline aux bords de l'horizon,
Et réfléchit déjà dans ses plus hautes voiles
La blancheur de l'aurore et son premier rayon.

Léviathan bondit sur ses traces profondes,
Et des flots par ses jeux saluant le réveil,

De ses naseaux fumants il lance au ciel les ondes
Pour les voir retomber en rayons du soleil.

    L'eau berce, le mât secoue
      La tente des matelots;
    L'air siffle, le ciel se joue
      Dans la crinière des flots;
    Partout l'écume brillante
    D'une frange étincelante
    Ceint le bord des flots amers :
    Tout est bruit, lumière et joie,
    C'est l'astre que Dieu renvoie,
    C'est l'aurore sur les mers.

O Dieu, vois sur la terre ! Un pâle crépuscule
Teint son voile flottant par la brise essuyé;
Sur les pas de la nuit l'aube pose son pié;
L'ombre des monts lointains se déroule et recule
    Comme un vêtement replié.
Ses lambeaux déchirés par l'aile de l'aurore
Flottent livrés aux vents dans l'orient vermeil;
La pourpre les enflamme et l'iris les colore;
Ils pendent en désordre aux tentes du soleil,
Comme des pavillons quand une flotte arbore
Les couleurs de son roi dans les jours d'appareil.

    Sous des nuages de fumée
Le rayon va pâlir sur les tours des cités,
Et sous l'ombre des bois les hameaux abrités,
Ces toits par l'innocence et la paix habités,
    Sur la colline embaumée
    De jour et d'ombre semée,
Font rejaillir au loin leurs flottantes clartés.

HYMNE DU MATIN.

Le laboureur répond au taureau qui l'appelle,
L'aurore les ramène au sillon commencé,
Il conduit en chantant le couple qu'il attelle,
Le vallon retentit sous le soc renversé;
 Au gémissement de la roue
Il mesure ses pas et son chant cadencé;
Sur sa trace en glanant le passereau se joue,
 Et le chêne à sa voix secoue
Le baume des sillons que la nuit a versé.

 L'oiseau chante, l'agneau bêle,
 L'enfant gazouille au berceau;
 La voix de l'homme se mêle
 Au bruit des vents et de l'eau;
 L'air frémit, l'épi frissonne,
 L'insecte au soleil bourdonne;
 L'airain pieux qui résonne
 Rappelle au Dieu qui le donne
 Ce premier soupir du jour:
 Tout vit, tout luit, tout remue,
 C'est l'aurore dans la nue,
 C'est la terre qui salue
 L'astre de vie et d'amour!

Mais tandis, ô mon Dieu, qu'au sein de ton aurore
Un nouvel univers chaque jour semble éclore,
Et qu'un soleil flottant dans l'abîme lointain
Fait remonter vers toi les parfums du matin,
D'autres soleils cachés par la nuit des distances,
Qu'à chaque instant là-haut tu produis et tu lances,
Vont porter dans l'espace à leurs planètes d'or
Des matins plus brillants et plus sereins encor.
Oui, l'heure où l'on t'adore est ton heure éternelle;
Oui, chaque point des cieux pour toi la renouvelle,

Et ces astres sans nombre épars au sein des nuits
N'ont été par ton souffle allumés et conduits
Qu'afin d'aller, Seigneur, autour de tes demeures,
L'un l'autre se porter la plus belle des heures,
Et te faire bénir par l'aurore des jours,
Ici, là-haut, sans cesse, à jamais et toujours.

    Oui, sans cesse un monde se noie
    Dans les feux d'un nouveau soleil ;
    Les cieux sont toujours dans la joie ;
    Toujours un astre a son réveil ;
    Partout où s'abaisse ta vue
    Un soleil levant te salue ;
    Les cieux sont un hymne sans fin !
    Et des temps que tu fais éclore,
    Chaque heure, ô Dieu, n'est qu'une aurore,
    Et l'éternité qu'un matin !

Montez donc, flottez donc, roulez, volez, vents, flamme,
Oiseaux, vagues, rayons, vapeurs, parfums et voix !
Terre, exhale ton souffle ; homme, élève ton âme !
Montez, flottez, roulez, accomplissez vos lois !

Montez, volez à Dieu ; plus haut, plus haut encore :
Dans les feux du soleil sa splendeur vous a lui ;
Reportez dans les cieux l'hommage de l'aurore,
Montez, il est là-haut ; descendez, tout est lui !

Et toi, jour, dont son nom a commencé la course,
Jour qui dois rendre compte au Dieu qui t'a compté ;
La nuit qui t'enfanta te rappelle à ta source,
    Tu finis dans l'éternité.

Tu n'es qu'un pas du temps, mais ton Dieu te mesure
Tu dois de son auteur rapprocher la nature ;
Il ne t'a point créé comme un vain ornement,
Pour semer de tes feux la nuit du firmament,
Mais pour lui rapporter, aux célestes demeures,
La gloire et la vertu sur les ailes des heures,
 Et la louange à tout moment.

LAMARTINE.

PENSÉE DES MORTS

Harmonie.

Voilà les feuilles sans séve
Qui tombent sur le gazon ;
Voilà le vent qui s'élève
Et gémit dans le vallon ;
Voilà l'errante hirondelle
Qui rase du bout de l'aile
L'eau dormante des marais ;
Voilà l'enfant des chaumières
Qui glane sur les bruyères
Le bois tombé des forêts.

L'onde n'a plus le murmure
Dont elle enchantait les bois ;
Sous des rameaux sans verdure
Les oiseaux n'ont plus de voix ;

PENSÉE DES MORTS.

Le soir est près de l'aurore;
L'astre à peine vient d'éclore
Qu'il va terminer son tour;
Il jette par intervalle
Une heure de clarté pâle
Qu'on appelle encore un jour.

L'aube n'a plus de zéphire
Sous ses nuages dorés;
La pourpre du soir expire
Sous les flots décolorés;
La mer solitaire et vide
N'est plus qu'un désert aride
Où l'œil cherche en vain l'esquif,
Et sur la grève plus sourde
La vague orageuse et lourde
N'a qu'un murmure plaintif.

La brebis sur les collines
Ne trouve plus le gazon;
Son agneau laisse aux épines
Les débris de sa toison;
La flûte aux accords champêtres
Ne réjouit plus les hêtres
Des airs de joie ou d'amours.
Toute herbe aux champs est glanée :
Ainsi finit une année,
Ainsi finissent nos jours!

C'est la saison où tout tombe
Aux coups redoublés des vents;
Un vent qui vient de la tombe
Moissonne aussi les vivants;
Ils tombent alors par mille,
Comme la plume inutile

Que l'aigle abandonne aux airs,
Lorsque des plumes nouvelles
Viennent réchauffer ses ailes
A l'approche des hivers.

C'est alors que ma paupière
Vous vit pâlir et mourir,
Tendres fruits qu'à la lumière
Dieu n'a pas laissés mûrir !
Quoique jeune sur la terre,
Je suis déjà solitaire
Parmi ceux de ma saison,
Et quand je dis en moi-même :
« Où sont ceux que ton cœur aime? »
Je regarde le gazon.

Leur tombe est sur la colline,
Mon pied le sait; la voilà !
Mais leur essence divine,
Mais eux, Seigneur, sont-ils là ?
Jusqu'à l'indien rivage
Le ramier porte un message
Qu'il rapporte à nos climats,
La voile passe et repasse,
Mais de son étroit espace
Leur âme ne revient pas.

Ah! quand les vents de l'automne
Sifflent dans les rameaux morts,
Quand le brin d'herbe frissonne,
Quand le pin rend ses accords,
Quand la cloche des ténèbres
Balance ses glas funèbres,
La nuit, à travers les bois,
A chaque vent qui s'élève,

A chaque flot sur la grève,
Je dis : N'es-tu pas leur voix ?

Du moins, si leur voix si pure
Est trop vague pour nos sens,
Leur âme en secret mumure
De plus intimes accents ;
Au fond des cœurs qui sommeillent,
Leurs souvenirs qui s'éveillent
Se pressent de tous côtés
Comme d'arides feuillages
Que rapportent les orages
Au tronc qui les a portés !

C'est une mère ravie,
A ses enfants dispersés,
Qui leur tend de l'autre vie
Ces bras qui les ont bercés ;
Des baisers sont sur sa bouche,
Sur ce sein qui fut leur couche
Son cœur les rappelle à soi ;
Des pleurs voilent son sourire,
Et son regard semble leur dire :
Vous aime-t-on comme moi ?

C'est une jeune fiancée
Qui, le front ceint du bandeau,
N'emporta qu'une pensée
De sa jeunesse au tombeau ;
Triste, hélas ! dans le ciel même,
Pour revoir celui qu'elle aime
Elle revient sur ses pas
Et lui dit : « Ma tombe est verte !
Sur cette terre déserte
Qu'attends-tu ? Je n'y suis pas ! »

C'est un ami de l'enfance
Qu'aux jours sombres du malheur
Nous prêta la Providence
Pour appuyer notre cœur;
Il n'est plus; notre âme est veuve;
Il nous suit dans notre épreuve
Et nous dit avec pitié :
« Ami, si ton âme est pleine,
De ta joie ou de ta peine
Qui portera la moitié? »

C'est l'ombre pâle d'un père
Qui mourut en nous nommant;
C'est une sœur, c'est un frère,
Qui nous devance d'un moment;
Sous notre heureuse demeure,
Avec celui qui les pleure,
Hélas! ils dormaient hier!
Et notre cœur doute encore
Que le ver déjà dévore
Cette chair de notre chair!

L'enfant dont la mort cruelle
Vient de vider le berceau,
Qui tomba de la mamelle
Au lit glacé du tombeau;
Tous ceux enfin dont la vie,
Un jour où l'autre ravie,
Emporte une part de nous,
Murmurent sous la poussière :
« Vous qui voyez la lumière,
Vous souvenez-vous de nous? »

Ah! vous pleurer est le bonheur suprême,
Mânes chéris de quiconque a des pleurs!

Vous oublier, c'est s'oublier soi-même :
N'êtes-vous pas un débris de nos cœurs ?

En avançant dans notre obscur voyage ;
Du doux passé l'horizon est plus beau ;
En deux moitiés notre âme se partage,
Et la meilleure appartient au tombeau !

Dieu du pardon ! leur Dieu ! Dieu de leurs pères !
Toi que leur bouche a si souvent nommé !
Entends pour eux les larmes de leurs frères !
Prions pour eux, nous qu'ils ont tant aimé !

Ils t'ont prié pendant leur courte vie,
Ils ont souri quand tu les as frappés !
Ils ont crié : Que ta main soit bénie !
Dieu tout espoir ! les aurais-tu trompés ?

Et cependant pourquoi ce long silence !
Nous auraient-ils oubliés sans retour ?
N'aiment-ils plus ? Ah ! ce doute t'offense !
Et toi, mon Dieu ! n'es-tu pas tout amour ?

Mais, s'ils parlaient à l'ami qui les pleure,
S'ils nous disaient comment ils sont heureux,
De tes desseins nous devancerions l'heure,
Avant ton jour nous volerions vers eux.

Où vivent-ils ? quel astre à leur paupière
Répand un jour plus durable et plus doux ?
Vont-ils peupler ces îles de lumière ?
Ou planent-ils entre le ciel et nous ?

Sont-ils noyés dans l'éternelle flamme ?
Ont-ils perdu ces doux noms d'ici-bas,

Ces noms de sœur, et d'amante, et de femme?
A ces appels ne répondront-ils pas?

Non, non, mon Dieu, si la céleste gloire
Leur eût ravi tout souvenir humain,
Tu nous aurais enlevé leur mémoire;
Nos pleurs sur eux couleraient-ils en vain?

Ah! dans ton sein que leur âme se noie!
Mais garde-nous nos places dans leur cœur;
Eux qui jadis ont goûté notre joie,
Pouvons-nous être heureux sans leur bonheur?

Étends sur eux la main de ta clémence,
Ils ont péché; mais le ciel est un don!
Ils ont souffert; c'est une autre innocence!
Ils ont aimé; c'est le sceau du pardon!

Ils furent ce que nous sommes,
Poussière, jouet du vent!
Fragiles comme des hommes,
Faibles comme le néant!
Si leurs pieds souvent glissèrent,
Si leurs lèvres transgressèrent
Quelque lettre de ta loi,
O Père, ô juge suprême!
Ah! ne les vois pas eux-même,
Ne regarde en eux que toi!

Si tu scrutes la poussière,
Elle s'enfuit à ta voix!
Si tu touches la lumière,
Elle ternira tes doigts!
Si ton œil divin les sonde,
Les colonnes de ce monde

Et des cieux chancelleront ;
Si tu dis à l'innocence :
« Monte et plaide en ma présence ! »
Tes vertus se voileront.

Mais toi, Seigneur, tu possèdes
Ta propre immortalité ;
Tout le bonheur que tu cèdes
Accroît ta félicité !
Tu dis au soleil d'éclore,
Et le jour ruisselle encore !
Tu dis au temps d'enfanter,
Et l'éternité docile,
Jetant les siècles par mille,
Les répand sans les compter !

Les mondes que tu répares
Devant toi vont rajeunir,
Et jamais tu ne sépares
Le passé de l'avenir ;
Tu vis ! et tu vis ! les âges,
Inégaux pour tes ouvrages,
Sont tous égaux sous ta main ;
Et jamais ta voix ne nomme,
Hélas ! ces trois mots de l'homme :
Hier, aujourd'hui, demain !

O Père de la nature,
Source, abîme de tout bien,
Rien à toi ne se mesure,
Ah ! ne te mesure à rien !
Mets, ô divine clémence,
Mets ton poids dans la balance,

Si tu pèses le néant!
Triomphe, ô vertu suprême,
En te contemplant toi-même!
Triomphe en nous pardonnant!

LAMARTINE.

LES FEMMES SOULIOTES

C'était un tertre vert sur un pic suspendu :
L'Émymanthe, à nos pieds, par un torrent fendu,
Découvrait tout à coup un gouffre vaste et sombre
Dont l'œil épouvanté n'osait mesurer l'ombre;
Des rochers s'y dressaient, sur leur base tremblants,
Des troncs déracinés en hérissaient les flancs;
Des vautours tournoyants, plongeant dans les ténèbres,
En frappaient les parois de leurs ailes funèbres,
Et, dans le fond voilé du gouffre sans repos,
On entendait, sans voir, mugir, hurler les flots,
Dont les vents engouffrés, dans l'abîme qui fume,
Sur ses bords déchirés, roulaient, brisaient l'écume,
Et, du noir précipice épaississant la nuit,
D'une foudre éternelle y redoublaient le bruit.
De ce sublime écueil environné d'orage,
Nos yeux plongeaient aussi sur le lieu du carnage;
Ils voyaient, sous le fer des cruels Musulmans,
Tomber l'un après l'autre, amis, frères, amants,
Et par leur nombre, hélas! que le glaive dévore,

Comptaient combien d'instants il nous restait encore!
Déjà, sur les débris d'un peuple tout entier,
Le féroce Ottoman s'ouvre un sanglant sentier.
Une femme, une mère, ô désespoir sublime !
« Il ne nous reste plus qu'un vengeur... c'est l'abîme ! »
Dit-elle, et vers le bord, précipitant ses pas,
Elle montre l'enfant qui sourit dans ses bras,
De sa bouche entr'ouverte arrache la mamelle,
L'élève dans ses mains, tremble, hésite, chancelle,
Et, s'animant aux cris d'un vainqueur furieux,
Le lance dans l'abîme en détournant les yeux!...
Le gouffre retentit en dévorant sa proie.
Elle sourit au bruit que l'écho lui renvoie,
Et se tournant vers nous : « Vous frémissez? pourquoi?
Il est libre, dit-elle; et vous, imitez-moi,
Mères, qui, nourrissant vos fils du lait des braves,
N'avez pas, dans vos flancs, porté de vils esclaves! »
Chaque mère, à ces mots, dans l'abîme sans fond,
Jette un poids à son tour, et l'abîme répond;
Puis, formant, tout à coup, une funèbre danse,
Entrelaçant nos mains et tournant en cadence,
Aux accents de ce chœur qu'aux rives de l'Ysmen
Les vierges vont chanter aux fêtes de l'hymen,
Notre foule en s'ouvrant forme une ronde immense,
Et chaque fois que l'air finit et recommence,
Celle qu'au bord fatal a ramené le sort,
Comme un anneau brisé d'une chaîne de mort,
S'en détache, et d'un saut s'élance dans l'abîme ;
Le bruit sourd de son corps, roulant de cime en cime,
Du gouffre insatiable ébranlant les échos,
Accompagnait le chœur qui chantait en ces mots,
Contraste déchirant, air gracieux et tendre,
Qu'en ces jours plus heureux, nos voix faisaient entendre
Et dont le doux refrain et l'amoureux accord
Doublaient en cet instant les horreurs de la mort!

Semez, semez de narcisse et de rose,
Semez la couche où la beauté repose!

Pourquoi pleurer? C'est ton jour le plus beau!
Vierge aux yeux noirs, pourquoi pencher la tête
Comme un beau lis courbé par la tempête,
Que son doux poids fait incliner sur l'eau?

Semez, semez de narcisse et de rose,
Semez la couche où la beauté repose!

C'est ton amant, il vient; j'entends ses pas;
Que cet anneau soit le sceau de sa flamme!
Si ton amour est entré dans son âme,
Sans la briser, il n'en sortira pas!

Semez, semez de narcisse et de rose,
Semez la couche où la beauté repose!

Entre tes mains prends ce sacré flambeau;
Vois comme il jette une flamme embaumée!
Que d'un feu pur votre âme consumée
Parfume ainsi la route du tombeau!

Semez, semez de narcisse et de rose,
Semez la couche où la beauté repose!

Vois-tu jouer ces chevreaux couronnés,
Que sur ton seuil ont laissés tes compagnes?

Ainsi, bientôt, l'émail de nos campagnes
Verra bondir tes heureux nouveau-nés !

Semez, semez de narcisse et de rose,
Semez la couche où la beauté repose !

Vole au vallon, courbe un myrte en cerceau,
Pour ombrager ton enfant qui sommeille ;
Le moissonneur prépare sa corbeille,
La jeune mère arrondit son berceau !

Semez, semez de narcisse et de rose,
Semez la couche où la beauté repose !

Sais-tu les airs qu'il faut pour assoupir
Le jeune enfant qui pend à la mamelle ?
Entends, entends gémir la tourterelle ;
D'une eau qui coule imite le soupir !

Semez, semez de narcisse et de rose,
Semez la couche où la beauté repose !

Ainsi, guidant nos pas aux accents du plaisir,
Ces chants faits pour l'amour nous servaient à mourir !
Telle aux champs des combats la musique guerrière,
Ouvrant aux combattants la sanglante carrière,
Jusqu'aux bouches du bronze accompagne leurs pas,
Et mêle un air de fête aux horreurs du trépas !

Mais d'instants en instants, hélas! tournant plus vite,
Le chœur se rétrécit, le chant se précipite,
Et le bruit de nos voix que retranche le sort,
Décroît avec le nombre et meurt avec la mort !...
A coups plus répétés déjà l'abîme gronde,
Le cœur bat, le sol fuit, nos pas pressent la ronde ;
Chaque tour emportait une femme, une voix...
Et le cercle fatal tourna soixante fois !
Moi-même... Mais sans doute, en cet instant terrible,
Un ange me soutint sur son aile invisible,
Pour raconter au monde ce sublime trépas
Qu'a vu ce siècle impie... et qu'il ne croira pas !

LAMARTINE.

LE TOMBEAU D'UNE MÈRE

Un jour, les yeux lassés de veilles et de larmes,
Comme un lutteur vaincu prêt à jeter ses armes,
Je disais à l'aurore : En vain tu vas briller ;
La nature trahit nos yeux par ses merveilles,
Et le ciel coloré de ses teintes vermeilles
    Ne sourit que pour nous railler !

Rien n'est vrai, rien n'est faux; tout est songe et mensonge,
Illusion du cœur qu'un vain espoir prolonge !
Nos seules vérités, hommes, sont nos douleurs,

Cet éclair dans nos yeux que nous nommons la vie,
Étincelle dont l'âme est à peine éblouie.
    Qu'elle va s'allumer ailleurs!

Plus nous ouvrons les yeux, plus la nuit est profonde,
Dieu n'est qu'un mot rêvé pour expliquer le monde,
Un plus obscur abîme où l'esprit s'est lancé,
Et tout flotte et tout tombe ainsi que la poussière
Que fait en tourbillons dans l'aride carrière
    Lever le pied d'un insensé.

Je disais ; et mes yeux voyaient avec envie
Tout ce qui n'a reçu qu'une insensible vie
Et dont nul rêve au moins n'agite le sommeil ;
Au sillon, au rocher j'attachais ma paupière,
Et ce regard disait : A la brute, à la pierre,
    Au moins, que ne suis-je pareil!

Et ce regard errant comme l'œil du pilote
Qui demande sa route à l'abîme qui flotte,
S'arrêta tout à coup fixé sur un tombeau !
Tombeau ! cher entretien d'une douleur amère,
Où le gazon sacré qui recouvre ma mère,
    Grandit sous les pleurs du hameau !

Là quand l'ange voilé sous les trait d'une femme
Dans le Dieu, sa lumière, eût exhalé son âme,
Comme on souffle une lampe à l'approche du jour ;
A l'ombre des autels qu'elle aimait à toute heure,
Je lui creusai moi-même une étroite demeure.
    Une porte à l'autre séjour !

Là dort dans son espoir celle dont le sourire
Cherchait encor mes yeux à l'heure où tout expire,

Ce cœur, source du mien, ce sein qui m'a conçu,
Ce sein qui m'allaita de lait et de tendresses,
Ces bras qui n'ont été qu'un berceau de caresses,
    Ces lèvres dont j'ai tout reçu.

Là dorment soixante ans d'une seule pensée,
D'une vie à bien faire uniquement passée,
D'innocence, d'amour, d'espoir, de pureté,
Tant d'aspirations vers son Dieu répétées,
Tant de foi dans la mort, tant de vertu jetées
    En gage à l'immortalité !

Tant de nuits sans sommeil pour veiller la souffrance,
Tant de pain retranché pour nourrir l'indigence,
Tant de pleurs toujours prêts à s'unir à des pleurs;
Tant de soupirs brûlants vers une autre patrie,
Et tant de patience à porter une vie
    Dont la couronne était ailleurs.

Et tout cela pourquoi ? Pour qu'un creux dans le sable
Absorbât pour jamais cet être intarissable ;
Pour que ces vils sillons en fussent engraissés ;
Pour que l'herbe des morts dont sa tombe est couverte
Grandît, là, sous mes pieds, plus épaisse et plus verte?
    Un peu de cendre était assez !

Non, non ; pour éclairer trois pas dans la poussière
Dieu n'aurait pas créé cette immense lumière,
Cette âme au long regard, à l'héroïque effort !
Sur cette froide pierre en vain le regard tombe,
O vertu ! ton aspect est plus fort que la tombe,
    Et plus évident que la mort !

Et mon œil convaincu de ce grand témoignage
Se releva de terre et sortit du nuage,

Et mon cœur ténébreux recouvra son flambeau.
Heureux l'homme à qui Dieu donne une sainte mère !
En vain la vie est dure et la mort est amère.
  Qui peut douter sur son tombeau ?

LAMARTINE.

HYMNE DE LA MORT

Élève-toi, mon âme, au-dessus de toi-même
 Voici l'épreuve de ta foi !
Que l'impie assistant à ton heure suprême
Ne dise pas : voyez, il tremble comme moi !
  La voilà, cette heure suivie
  Par l'aube de l'éternité,
  Cette heure qui juge la vie
  Et sonne l'immortalité ;
  Et tu pâlirais devant elle,
  Ame à l'espérance infidèle !
  Tu démentirais tant de jours,
  Tant de nuits, passés à te dire :
  Je vis, je languis, je soupire !
  Ah ! mourons pour vivre toujours !

  Oui, tu meurs ! déjà ta dépouille
  De la terre subit les lois,
  Et de la fange qui te souille
  Déjà tu ne sens plus le poids ;
  Sentir ce vil poids, c'était vivre !

Et le moment qui te délivre,
Les hommes l'appellent mourir !
Tel un esclave, libre à peine,
Croit qu'on emporte avec sa chaîne
Ses bras qu'il ne sent plus souffrir !

Ah ! laisse aux sens, à la matière,
Ces illusions du tombeau !
Toi, crois-en à ta vie entière,
A la foi qui fut ton flambeau !
Crois-en à cette soif sublime,
A ce pressentiment intime
Qui se sent survivre après toi !
Meurs, mon âme, avec assurance ;
L'amour, la vertu, l'espérance,
En savent plus qu'un jour d'effroi !

Qu'était-ce que la vie ! Exil, ennui, souffrance,
    Un holocauste à l'espérance,
Un long acte de foi chaque jour répété !
Tandis que l'insensé buvait à plein calice,
Tu versais à tes pieds ta coupe en sacrifice,
Et tu disais : J'ai soif, mais d'immortalité !

Tu vas boire à la source vive
D'où coulent les temps et les jours,
Océan sans fond et sans rive,
Toujours plein, débordant toujours !
L'astre que tu vas voir éclore
Ne mesure plus par aurore
La vie, hélas ! prête à tarir,
Comme l'astre de nos demeures
Qui n'ajoute au présent des heures
Qu'en retranchant à l'avenir !

Oublie un monde qui s'efface,
Oublie une obscure prison ;
Que ton regard privé d'espace
Découvre enfin son horizon !
Vois-tu ces voûtes azurées
Dont les arches démesurées
S'entr'ouvent pour s'étendre encor ?
Bientôt leur courbe incalculable
Te sera ce qu'un grain de sable
Est au vol brûlant du condor !

Tu vas voir la céleste armée
Déployer ses orbes sans fin,
Comme une poussière animée
Qu'agite le souffle divin !
Tous ces soleils dont ta paupière
Devinait de loin la lumière
Vont s'épanouir sous tes yeux,
Et chacun d'eux dans son langage
Va te saluer au passage
Du grand nom que chantent les cieux !

Tu leur demanderas les rêves
Que ton cœur élançait vers eux.
Pendant ces nuits où tu te lèves
Pour te pénétrer de leurs feux !
Tu leur demanderas les traces
Des êtres chéris dont les places
Restèrent vides ici-bas,
Et tu sauras sur quelle flamme
Leur âme arrachée à ton âme
En montant imprime ses pas !

Tu verras quels êtres habitent
Ces palais flottants de l'éther

Qui nagent, volent, ou palpitent,
Enfants de la flamme et de l'air ;
Chœurs qui chantent, voix qui bénissent,
Miroirs de feu qui réfléchissent,
Ailes qui voilent Jéhova !
Poudre vivante de ce temple,
Dont chaque atome le contemple,
L'adore et lui crie : Hosanna !

Dans ce pur océan de vie
Bouillonnant de joie et d'amour,
La mort va te plonger ravie
Comme une étincelle au grand jour !
Son flux vers l'éternelle aurore
Va te porter, obscure encore,
Jusqu'à l'astre qui toujours luit.
Comme un flot que la mer soulève
Roule aux bords où le jour se lève
Sa brillante écume, et s'enfuit !

Détestais-tu la tyrannie,
Adorais-tu la liberté ?
De l'oppression impunie
Ton œil était-il révolté ?
Avais-tu soif de la justice,
Horreur du mal, honte du vice ?
Versais-tu des larmes de sang
Quand l'imposture ou la bassesse
Livraient l'innocente faiblesse
Aux serres du crime puissant ?

Sentais-tu la lutte éternelle
Du bonheur et de la vertu,
Et la lutte encor plus cruelle
Du cœur par le cœur combattu ?

Rougissais-tu de ce nom d'homme
Dont le ciel rit, quand l'orgueil nomme
Cette machine à deux ressorts,
L'un de boue et l'autre de flamme,
Trop avili s'il n'est qu'une âme,
Trop sublime s'il n'est qu'un corps?

Pleurais-tu quand la calomnie
Souillait la gloire de poison,
Ou quand les ailes du génie
Se brisaient contre sa prison?
Pleurais-tu lorsque Philomèle,
Couvant ses petits sous son aile,
Tombait sous l'ongle du vautour,
Quand la faux tranchait une rose
Ou que la vierge à peine éclose
Mourait à son premier amour?

Et sentais-tu ce vide immense
Et cet inexorable ennui,
Et ce néant de l'existence,
Cercle étroit qui tourne sur lui?
Même en t'enivrant de délices
Buvais-tu le fond des calices?
Heureuse, encor n'avais-tu pas
Et ces amertumes sans causes,
Et ces désirs brûlants de choses
Qui n'ont que leurs noms ici-bas?

Triomphe donc, âme exilée;
Tu vas dans un monde meilleur,
Où toute larme est consolée,
Où tout désir est le bonheur!
Où l'être qui se purifie
N'emporte rien de cette vie

Que ce qu'il a d'égal aux Dieux,
Comme la cime encore obscure
Dont l'ombre décroît, à mesure
Que le jour monte dans les cieux.

Là sont tant de larmes versées
Pendant ton exil sous les cieux,
Tant de prières élancées
Du fond d'un cœur tendre et pieux !
Là tant de soupirs de tristesse,
Tant de beaux songes de jeunesse !
Là les amis qui t'ont quitté,
Épiant ta dernière haleine
Te tendent leur main déjà pleine
Des dons de l'immortalité !

Ne vois-tu pas des étincelles
Dans les ombres poindre et flotter ?
N'entends-tu pas frémir les ailes
De l'esprit qui va t'emporter ?
Bientôt, nageant de nue en nue,
Tu vas te sentir revêtue
Des rayons du divin séjour,
Comme une onde qui s'évapore
Contracte en montant vers l'aurore
La chaleur et l'éclat du jour !

Encore une heure de souffrance,
Encore un douloureux adieu !
Puis endors-toi dans l'espérance
Pour te réveiller dans ton Dieu !
Tel sur la foi de ses étoiles
Le pilote pliant ses voiles

Pressent la terre sans la voir,
S'endort en rêvant les rivages,
Et trouve en s'éveillant les plages
Plus sereines que son espoir.

LAMARTINE.

DITHYRAMBE

Poésie sacrée.

Écoutez! Jéhova s'élance
Du sein de son éternité.
Le chaos endormi s'éveille en sa présence
Sa vertu le féconde et sa toute-puissance,
Repose sur l'immensité.
Dieu dit, et le jour fut ; Dieu dit, et les étoiles
De la nuit éternelle éclaircirent les voiles ;
Tous les éléments divers
A sa voix se séparèrent ;
Les eaux soudain s'écoulèrent
Dans le lit creusé des mers ;
Les montagnes s'élevèrent,
Et les aquilons volèrent
Dans les libres champs des airs.

Sept fois de Jéhova la parole féconde
Se fit entendre au monde,
Et sept fois le néant à sa voix répondit ;
Et Dieu dit : Faisons l'homme à ma vivante image.

Il dit : l'homme naquit ; à ce dernier ouvrage
Le Verbe créateur s'arrête et s'applaudit.
Mais ce n'est plus un Dieu, c'est l'homme qui soupire,
Eden a fui... voilà le travail et la mort
    Dans les larmes sa voix expire ;
La corde du bonheur se brise sur sa lyre,
Et Job en tire un son triste comme le sort.

« Ah ! périsse à jamais le jour qui m'a vu naître !
Ah ! périsse à jamais la nuit qui m'a conçu,
    Et le sein qui m'a donné l'être,
    Et les genoux qui m'ont reçu !

Que du nombre des jours, Dieu pour jamais l'efface,
Que toujours obscurci des ombres du trépas,
Ce jour, parmi les jours ne trouve plus sa place,
    Qu'il soit comme s'il n'était pas !

Maintenant dans l'oubli, je dormirais encore
    Et j'achèverais mon sommeil
Dans cette longue nuit qui n'aura point d'aurore,
Avec les conquérants que la terre dévore,
Avec le fruit conçu qui meurt avant d'éclore,
    Et qui n'a pas vu le soleil.

    Mes jours déclinent comme l'ombre,
    Je voudrais les précipiter :
    O mon Dieu, retranchez le nombre
    Des soleils que je dois compter ;
    L'aspect de ma longue infortune
    Eloigne, repousse, importune
    Mes frères lassés de mes maux ;
    En vain je m'adresse à leur foule,
    Leur pitié m'échappe et s'écoule
    Comme l'onde au flanc des coteaux.

DITHYRAMBE.

Ainsi qu'un nuage qui passe
Mon printemps s'est évanoui :
Mes yeux ne verront plus la trace
De tous ces biens dont j'ai joui.
Par le souffle de ta colère,
Hélas! arraché de la terre,
Je vais d'où l'on ne revient pas;
Mes vallons, ma propre demeure
Et cet œil même qui me pleure
Ne reverront jamais mes pas.

L'homme vit un jour sur la terre
Entre la mort et la douleur.
Rassasié de sa misère
Il tombe enfin comme la fleur.
Il tombe! au moins par la rosée
Des fleurs la racine arrosée
Peut-elle un moment refleurir,
Mais l'homme, hélas! après la vie,
C'est un lac dont l'eau s'est enfuie;
On le cherche, il vient de tarir.

Mes jours fondent comme la neige,
Au souffle du courroux divin;
Mon espérance, qu'il abrége,
S'enfuit comme l'eau de ma main;
Ouvrez-moi mon dernier asile;
Là, j'ai dans l'ombre un lit tranquille,
Lit préparé pour mes douleurs;
O tombeau! vous êtes mon père,
Et je dis aux vers de la terre :
Vous êtes ma mère et mes sœurs!

Mais les jours heureux de l'impie
Ne s'éclipsent pas au matin;

Tranquille, il prolonge sa vie
Avec le sang de l'orphelin
Il étend au loin ses racines,
Comme un troupeau sur les collines
Sa famille couvre Ségor;
Puis dans un riche mausolée
Il est couché dans la vallée,
Et l'on dirait qu'il vit encor.

C'est le secret de Dieu, je me tais et j'adore.
C'est sa main qui traça les sentiers de l'aurore
Qui pesa l'océan, qui suspendit les cieux
Pour lui l'abîme est nu, l'enfer même est sans voiles,
Il a fondé la terre et semé les étoiles,
  Et qui suis-je à ses yeux?»

Mais la harpe a frémi sous les doigts d'Isaïe ;
De son sein bouillonnant la menace à longs flots
S'échappe : un Dieu l'appelle, il s'élance, il s'écrie :
« Cieux et terre, écoutez! silence au fils d'Amos!

Hozias n'était plus! Dieu m'apparut : je vis
Adonaï vêtu de gloire et d'épouvante
Les bords éblouissants de sa robe flottante
    Remplissaient le sacré parvis.

Des séraphins debout sur des marches d'ivoire
Se voilaient devant lui de six ailes de feu;
Volant de l'un à l'autre, ils se disaient entre eux :
Saint, saint, saint l'Éternel, le Dieu, le Roi des dieux,
    Toute la terre est pleine de sa gloire!

Du temple à ces accents la voûte s'ébranla
Adonaï s'enfuit sous la nue enflammée,
Le saint lieu fut rempli de torrents de fumée ;
    La terre sous mes pieds trembla.

Et moi, je resterais dans un lâche silence
Moi, qui t'ai vu, Seigneur je n'oserais parler ?
    A ce peuple impur qui t'offense
    Je craindrais de te révéler !

Qui parlera pour moi ? dit le Dieu des armées ;
    Qui marchera pour moi ? dit Dieu !
Qui ? moi, Seigneur, touche mes lèvres enflammées
    Me voilà, je suis prêt, malheur !

    Malheur à vous qui dès l'aurore
    Respirez les parfums du vin,
    Et que le soir retrouve encore
    Chancelants au bord du festin !
    Malheur à vous qui par l'usure
    Etendez sans fin ni mesure
    La borne immense de vos champs !
    Voulez-vous donc, mortels avides,
    Demeurer dans vos champs arides
    Seuls sur la terre des vivants ?

    Malheur à vous, race insensée,
    Enfants d'un siècle audacieux,
    Qui dites dans votre pensée :
    « Nous sommes sages à nos yeux ! »
    Vous changez la nuit en lumière
    Et le jour en ombre grossière
    Où se cachent vos voluptés,
    Mais comme un taureau dans la plaine

Vous traînez après vous la chaîne
De vos longues iniquités !

Malheur à vous, filles de l'onde,
Iles de Sidon et de Tyr,
Tyrans, qui trafiquez du monde
Avec la pourpre et l'or d'Ophir,
Malheur à vous ! votre heure sonne ;
En vain l'océan vous couronne !
Malheur à toi, reine des eaux,
A toi qui, sur des mers nouvelles,
Fais retentir comme des ailes
Les voiles de mille vaisseaux !

Ils sont enfin venus, les jours de ma justice ;
Ma colère, dit Dieu, se déborde sur vous !
 Plus d'encens, plus de sacrifice
 Qui puisse éteindre mon courroux !
Je livrerai ce peuple à la mort, au carnage ;
Le fer moissonnera comme l'herbe sauvage
 Ses bataillons entiers.
Seigneur ! épargnez-nous ! Seigneur ! non, point de trêve !
Et je ferai sur lui ruisseler de mon glaive
 Le sang de ses guerriers !
Ses torrents sécheront sous ma brûlante haleine ;
Ma main nivellera, comme une vaste plaine,
 Ses murs et ses palais.
Le feu les brûlera comme il brûle le chaume.
Là, plus de nations, de ville, de royaume ;
 Le silence à jamais !

Ses murs se couvriront de ronces et d'épines ;
L'hyène et le serpent peupleront ses ruines ;
 Les hiboux, les vautours,

L'un l'autre s'appelant durant la nuit obscure,
Iront à leurs petits porter la nourriture
  Au sommet de ses tours!

 Mais Dieu ferme à ces mots les lèvres d'Isaïe,
  Le sombre Ezéchiel
Sur le tronc desséché de l'ingrat Israël
Fait descendre à son tour la parole de vie

L'Eternel emporta mon esprit au désert!
D'ossements desséchés le sol était couvert;
J'approche en frissonnant; mais Jéhovah me crie :
Si je parle à ces os, reprendront-ils la vie?
Éternel, tu le sais! Eh bien! dit le Seigneur,
Écoute mes accents, retiens-les et dis leur :
« Ossements desséchés, insensible poussière,
Levez-vous, recevez l'esprit et la lumière!
Que vos membres épars s'assemblent à ma voix,
Que l'esprit vous anime une seconde fois :
Qu'entre vos os flétris vos muscles se replacent,
Que votre sang circule et vos nerfs s'entrelacent!
Levez-vous et vivez! et voyez qui je suis! »
J'écoutai le Seigneur; j'obéis et je dis :
« Esprit, soufflez sur eux, du couchant, de l'aurore!
Soufflez, de l'aquilon, soufflez! Pressés d'éclore,
Ces restes du tombeau, réveillés par mes cris,
Entre-choquent soudain leurs ossements flétris.
Aux clartés du soleil leur paupière se rouvre;
Leurs os sont rassemblés et la chair les recouvre;
Et ce champ de la mort tout entier se leva,
Redevint un grand peuple et connut Jéhovah!

Mais Dieu de ses enfants a perdu la mémoire,
La fille de Sion, méditant ses malheurs,
S'assied en soupirant et veuve de sa gloire,
Écoute Jérémie et retrouve des pleurs.

Le Seigneur m'accablant du poids de sa colère,
Retire tour à tour et ramène sa main ;
    Vous qui passez par le chemin,
Est-il une misère égale à ma misère ?

En vain ma voix s'élève, il n'entend plus ma voix
Il m'a choisi pour but de ses flèches de flamme,
    Et tout le jour contre mon âme
Sa fureur a lancé les fils de son carquois.

Sur mes os consumés ma peau s'est desséchée ;
Les enfants m'ont chanté dans leurs dérisions ;
    Seul au milieu des nations
Le Seigneur m'a jeté comme une herbe arrachée,

Il s'est enveloppé de son divin courroux ;
Il a fermé ma route, il a troublé ma voie,
    Mon sein n'a plus connu la joie,
Et j'ai dit au Seigneur : Seigneur, souvenez-vous

Souvenez-vous, Seigneur, de ces jours de colère,
Souvenez-vous du fiel dont vous m'avez nourri ;
    Non, votre amour n'est point tari,
Vous me frappez, Seigneur, et c'est pourquoi j'espère.

Je repasse en pleurant ces misérables jours,
J'ai connu le Seigneur dès ma plus tendre aurore ;

Quand il punit, il aime encore,
Il ne s'est pas, mon âme, éloigné pour toujours!

Heureux qui le connaît! heureux qui dès l'enfance
Porta le joug d'un Dieu clément dans sa rigueur!
 Il croit au salut du Seigneur,
S'assied au bord du fleuve et l'attend en silence.

Il sent peser sur lui ce joug de votre amour,
Il répand dans la nuit ses pleurs et ses prières,
 Et la bouche dans la poussière,
Il espère, il invoque, il attend votre jour!

Silence, ô lyre, et vous, silence,
 Prophètes, voix de l'avenir;
Tout l'univers se tait d'avance
 Devant Celui qui doit venir.
 Fermez-vous, lèvres inspirées,
 Reposez-vous, harpes sacrées,
Jusqu'au jour où dans les hauts lieux,
 Une voix au monde inconnue
 Fera retentir dans la nue;
« Paix sur la terre et gloire aux cieux! »

LAMARTINE.

L'ENFANT GREC

Les Turcs ont passé là, tout est ruine et deuil,
Chio, l'île des vins, n'est plus qu'un sombre écueil,
  Chio, qu'ombrageaient les charmilles,
Chio, qui dans les flots reflétait ses grands bois,
Ses coteaux, ses palais, et le soir quelquefois
  Un chœur dansant de jeunes filles!

Tout est désert : mais non, seul, près des murs noircis
Un enfant aux yeux bleus, un enfant grec, assis,
  Courbait sa tête humiliée :
Il avait pour asile, il avait pour appui
Une blanche aubépine, une fleur comme lui
  Dans le grand ravage oubliée!

Ah! pauvre enfant, pieds nus sur les rocs anguleux
Hélas! pour essuyer les pleurs de tes yeux bleus
  Comme le ciel et comme l'onde,
Pour que dans leur azur, de larmes orageux,
Passe le vif éclair de la joie et des jeux,
  Pour relever la tête blonde,

Que veux-tu, bel enfant, que te faut-il donner
Pour rattacher gaiement et gaiement ramener
  En boucles sur ta blanche épaule
Ces cheveux qui du fer n'ont pas subi l'affront,
Et qui pleurent épars autour de ton beau front,
  Comme les feuilles sur le saule!

Qui pourrait dissiper tes chagrins nébuleux?
Est-ce d'avoir ce lis bleu comme tes yeux bleus
    Qui d'Iran borde le puits sombre,
Ou le fruit du Tuba, de cet arbre si grand
Qu'un cheval au galop met toujours en courant
    Cent ans à sortir de son ombre?

Veux-tu pour me sourire un bel oiseau des bois
Qui chante avec un chant plus doux que le hautbois
    Plus éclatant que les cymbales?
Que veux-tu, fleur, beau fruit ou l'oiseau merveilleux?
« Ami, dit l'enfant grec, dit l'enfant aux yeux bleus,
    Je veux de la poudre et des balles! »

VICTOR HUGO.
Né en 1802. — (Orientales.)

LE TOIT S'ÉGAYE ET RIT

Lorsque l'enfant paraît, le cercle de famille
Applaudit à grands cris, son doux regard qui brill
    Fait briller tous les yeux,
Et les plus tristes fronts, les plus souillés peut-être,
Se dérident soudain à voir l'enfant paraître,
    Innocent et joyeux.

Soit que Juin ait verdi mon seuil ou que Novembre
Fasse autour d'un grand feu vacillant dans la chambre
    Les chaises se toucher,
Quand l'enfant vient, la joie arrive et nous éclaire

On rit, on se récrie, on l'appelle, et sa mère
　　　Tremble à le voir marcher.

Quelquefois nous parlons, en remuant la flamme
De patrie et de Dieu, des poëtes, de l'âme
　　　Qui s'élève en priant,
L'enfant paraît, adieu le ciel et la patrie,
Et les poëtes saints! la grave causerie
　　　S'arrête en souriant.

Enfant, vous êtes l'aube et mon âme est la plaine
Qui des plus douces fleurs embaume son haleine
　　　Quand vous la respirez;
Mon âme est la forêt dont les sombres ramures
S'emplissent pour vous seuls de suaves murmures
　　　Et de rayons dorés!

Car vos beaux yeux sont pleins de douceurs infinies,
Car vos petites mains joyeuses et bénies
　　　— N'ont point fait mal encor!
Jamais vos jeunes pas n'ont touché notre fange;
Tête sacrée! enfant aux cheveux blonds! bel ange
　　　A l'auréole d'or!

Il est si beau, l'enfant, avec son doux sourire,
Sa douce bonne foi, sa voix qui veut tout dire,
　　　Ses pleurs vite apaisés;
Laissant errer sa vue étonnée et ravie,
Offrant de toutes parts sa jeune âme à la vie,
　　　Et sa bouche aux baisers!

Seigneur, préservez-moi, préservez ceux que j'aime‘
Frères, parents, amis, et mes ennemis même
　　　Dans le mal triomphants,

De jamais voir, Seigneur, l'été sans fleurs vermeilles,
La cage sans oiseau, la ruche sans abeilles,
   La maison sans enfants !

                              Victor Hugo
                         (Les *Feuilles d'automne.*)

LES FEUILLANTINES

Mes deux frères et moi nous étions tout enfants,
Ma mère nous disait : « Jouez, mais je défends
Qu'on marche dans les fleurs et qu'on monte aux échelles

Abel était l'aîné, j'étais le plus petit.
Nous mangions notre pain de si bon appétit
Que les femmes riaient quand nous passions près d'elles.

Nous montions, pour jouer, au grenier du couvent,
Et là, tout en jouant, nous regardions souvent
Sur le haut d'une armoire un livre inaccessible.

Nous grimpâmes un jour, jusqu'à ce livre noir,
Je ne sais pas comment nous fîmes pour l'avoir;
Mais je me souviens bien que c'était une Bible.

Ce vieux livre sentait une odeur d'encensoir,
Nous allâmes ravis, dans un coin nous asseoir :
Des estampes partout, quel bonheur ! quel délire !

Nous l'ouvrîmes alors tout grand sur nos genoux
Et dès les premiers mots, il nous parut si doux
Qu'oubliant de jouer, nous nous mîmes à lire.

Nous lûmes tous les trois ainsi tout le matin,
Joseph, Ruth et Booz, le bon Samaritain,
Et toujours plus charmés, le soir nous le relûmes.
Tels des enfants, s'ils ont pris un oiseau des cieux,
S'appellent en riant et s'étonnent joyeux
De sentir dans leurs mains la douceur de ses plumes.

Victor Hugo.
(Contemplations.)

NAPOLÉON II

Mil huit cent onze! ô temps où des peuples sans nombre
Attendaient prosternés sous un nuage sombre
    Que le ciel eût dit oui!
Sentaient trembler sous eux les États centenaires,
Et regardaient le Louvre entouré de tonnerres
    Comme un mont Sinaï!

Courbés comme un cheval qui sent venir son maître,
Ils se disaient entre eux : Quelqu'un de grand va naître,
L'immense empire attend un héritier demain;
Qu'est-ce que le Seigneur va donner à cet homme,
Qui plus grand que César, plus grand même que Rome,
Absorbe dans son sort le sort du genre humain?

Comme ils parlaient, la nue éclatante et profonde
S'entr'ouvrit, et l'on vit se dresser sur le monde
    L'homme prédestiné !
Et les peuples béants ne purent que se taire,
Car ses deux bras levés présentaient à la terre
    Un enfant nouveau-né !

Au souffle de l'enfant, dôme des Invalides,
Les drapeaux, prisonniers sous tes voûtes splendides,
Frémirent comme au vent frissonnent les épis ;
Et son cri, ce doux cri, qu'une nourrice apaise,
Fit, nous l'avons tous vu, bondir et hurler d'aise,
Les canons monstrueux à ta porte accroupis !

Et lui ! l'orgueil gonflait sa puissante narine,
Ses deux bras jusqu'alors croisés sur sa poitrine
    S'étaient enfin ouverts !
Et l'enfant, soutenu dans la main paternelle,
Inondé des éclairs de sa fauve prunelle
    Rayonnait au travers !

Quand il eut bien fait voir l'héritier de ses trônes
Aux vieilles nations comme aux vieilles couronnes,
Éperdu, l'œil fixé sur quiconque était roi,
Comme un aigle arrivé sur une haute cime,
Il cria tout joyeux avec un air sublime ;
« L'avenir ! l'avenir ! l'avenir est à moi ! »

    Non, l'avenir n'est à personne !
    Sire, l'avenir est à Dieu !
    A chaque fois que l'heure sonne,
    Tout ici-bas nous dit adieu.
    L'avenir ! l'avenir ! mystère !
    Toutes les choses de la terre,

Gloire, fortune militaire,
Couronne éclatante des rois,
Victoire aux ailes embrasées,
Ambitions réalisées,
Ne sont jamais sur nous posées
Que comme l'oiseau sur les toits!

Demain, c'est le cheval qui s'abat blanc d'écume,
Demain, ô conquérant, c'est Moscou qui s'allume,
La nuit, comme un flambeau!
C'est votre vieille garde au loin jonchant la plaine,
Demain, c'est Waterloo, demain, c'est Sainte-Hélène!
Demain, c'est le tombeau!

Vous pouvez entrer dans les villes
Au galop de votre coursier;
Dénouer les guerres civiles
Avec le tranchant de l'acier;
Vous pouvez, ô mon capitaine,
Barrer la Tamise hautaine,
Rendre la victoire incertaine
Amoureuse de vos clairons,
Briser toutes portes fermées,
Dépasser toutes renommées,
Donner pour astre à vos armées
L'étoile de vos éperons!

Dieu garde la durée et vous laisse l'espace;
Vous pouvez sur la terre avoir toute la place,
Être aussi grand qu'un front peut l'être sous le ciel,
Sire, vous pouvez prendre à votre fantaisie
L'Europe à Charlemagne, à Mahomet l'Asie!
Mais tu ne prendras pas demain à l'Eternel!

NAPOLÉON II.

O revers ! ô leçon ! Quand l'enfant de cet homme
Eut reçu pour hochet la couronne de Rome,
Lorsqu'on l'eut revêtu d'un nom qui retentit,
Lorsqu'on eut bien montré son front royal qui tremble
Au peuple émerveillé qu'on puisse tout ensemble
    Être si grand et si petit !

Quand son père eut pour lui gagné bien des batailles,
Lorsqu'il eut épaissi de vivantes murailles
Autour du nouveau-né, riant sur son chevet ;
Quand ce grand ouvrier, qui savait comme on fonde,
Eut à coups de cognée à peu près fait le monde
    Selon le songe qu'il rêvait ;

Quand tout fut préparé par les mains paternelles
Pour doter l'humble enfant des splendeurs éternelles,
Lorsqu'on eut de sa vie assuré les relais,
Quand pour loger un jour ce maître héréditaire
On eut enraciné bien avant dans la terre
    Les pieds de marbre des palais ;

Lorsqu'on eut pour sa soif posé devant la France
Un vase tout rempli du vin de l'espérance,
Avant qu'il eût goûté de ce poison doré,
Avant que de sa lèvre il eût touché la coupe,
Un Cosaque survint qui prit l'enfant en croupe
    Et l'emporta tout effaré.

Victor HUGO.
Chants du Crépuscule.

LES BLUETS SONT BLEUS

Nous achèterons de bien belles choses
En nous promenant le long des faubourgs.
Les bluets sont bleus, les roses sont roses,
Les bluets sont bleus, j'aime mes amours.

La Vierge Marie, auprès de mon poêle
Est venue hier, en manteau brodé,
Et m'a dit : Voici, caché sous mon voile,
Le petit qu'un jour tu m'as demandé.
Courez à la ville, ayez de la toile,
Achetez du fil, achetez un dé.

Bonne Vierge Marie, au coin de mon poêle,
J'ai mis un berceau de rubans orné,
Dieu me donnerait sa plus belle étoile,
J'aime mieux l'enfant que tu m'as donné :
— Madame, que faire avec cette toile ?
— Faites un trousseau pour mon nouveau-né.

Les bluets sont bleus, les roses sont roses,
Les bluets sont bleus, j'aime mes amours.

Lavez cette toile ; où ? à la rivière :
Faites-en, sans rien gâter ni salir,
Une belle jupe avec sa brassière,
Que je veux broder et de fleurs emplir.
— L'enfant n'est plus là, madame, qu'en faire ?
— Faites-en un drap pour m'ensevelir.

Nous achèterons de bien belles choses
En nous promenant le long des faubourgs.
Les bluets sont bleus, les roses sont roses,
Les bluets sont bleus, j'aime mes amours.

Victor Hugo.
Les Misérables.

LES PAUVRES GENS

Il est nuit ; la cabane est pauvre, mais bien close.
Le logis est plein d'ombre, et l'on sent quelque chose
Qui rayonne à travers le crépuscule obscur.
Des filets de pêcheur sont accrochés au mur.
Au fond, dans l'encoignure, où quelque humble vaisselle
Aux planches d'un bahut vaguement étincelle,
On distingue un grand lit aux longs rideaux tombants ;
Tout près un matelas s'étend sur de vieux bancs,
Et cinq petits enfants, nid d'âmes, y sommeillent.
La haute cheminée, où quelques flammes veillent,
Rougit le plafond sombre, et, le front sur le lit,
Une femme, à genoux, prie et songe et pâlit.
C'est la mère, elle est seule. Et dehors, blanc d'écume,
Au ciel, aux vents, aux rocs, à la nuit, à la brume,
Le sinistre océan jette son noir sanglot.

L'homme est en mer ; depuis l'enfance matelot,
Il livre au hasard sombre une rude bataille.
Pluie ou bourrasque, il faut qu'il sorte, il faut qu'il aille,

Car les petits enfants ont faim. Il part le soir
Quand l'eau profonde monte aux marches du musoir.
Il gouverne à lui seul sa barque à quatre voiles.
La femme est au logis, cousant les vieilles toiles,
Remaillant les filets, préparant l'hameçon,
Surveillant l'âtre où bout la soupe de poisson,
Puis priant Dieu sitôt que les cinq enfants dorment.
Lui seul, battu des flots qui toujours se reforment,
Il s'en va dans l'abîme et s'en va dans la nuit.
Dur labeur! tout est noir, tout est froid, rien ne luit.
Dans les brisants, parmi les lames en démence,
L'endroit bon à la pêche, et, sur la mer immense,
Le lieu mobile, obscur, capricieux, changeant,
Où se plaît le poisson aux nageoires d'argent,
Ce n'est qu'un point; c'est grand deux fois comme la chambre;
Or, la nuit, dans l'ondée et la brume, en décembre,
Pour rencontrer ce point sur le désert mouvant,
Comme il faut calculer la marée et le vent!
Comme il faut combiner sûrement les manœuvres!
. . . .

Jeannie est bien plus triste encore. Son homme est seul
Seul dans cette âpre nuit! Seul sous ce noir linceul!
Pas d'aide. Ses enfants sont trop petits... O mère!
Tu dis : « S'ils étaient grands ! Leur père est seul ! » Chimère
Plus tard, quand ils seront près du père et partis,
Tu diras en pleurant : « Oh ! s'ils étaient petits ! »

Elle prend sa lanterne et sa cape : c'est l'heure
D'aller voir s'il revient, si la mer est meilleure,
S'il fait jour, si la flamme est au mât du signal.
Allons ! et la voilà qui part. L'air matinal
Ne souffle pas encor. Rien. Pas de ligne blanche
Dans l'espace où le flot des ténèbres s'épanche.

Il pleut. Rien n'est plus noir que la pluie au matin
On dirait que le jour tremble et doute, incertain,
Et qu'ainsi que l'enfant, l'aube pleure de naître.
Elle va. L'on ne voit luire aucune fenêtre.

Tout à coup, à ses yeux qui cherchent le chemin,
Avec je ne sais quoi de lugubre et d'humain,
Une sombre masure apparaît décrépite,
Ni lumière, ni feu ; la porte au vent palpite ;
Sur les murs vermoulus branle un toit hasardeux !
La bise sur ce toit tord des chaumes hideux,
Jaunes, sales, pareils aux grosses eaux d'un fleuve.

« Tiens, je ne pensais plus à cette pauvre veuve,
Dit-elle ; mon mari, l'autre jour, la trouva
Malade et seule ; il faut voir comment elle va. »

Elle frappe à la porte, elle écoute, personne
Ne répond. Et Jeannie au vent de mer frissonne.
« Malade ! Et ses enfants ! comme c'est mal nourri !
Elle n'en a que deux, mais elle est sans mari ! »
Puis elle frappe encore. « Hé ! voisine ! » Elle appelle.
Et la maison se tait toujours. « Ah ! Dieu ! dit-elle,
Comme elle dort, qu'il faut l'appeler si longtemps ! »
La porte, cette fois, comme si, par instants,
Les objets étaient pris d'une pitié suprême,
Morne, tourna dans l'ombre et s'ouvrit d'elle-même.

. . . .

Près du lit où gisait la mère de famille,
Deux tout petits enfants, le garçon et la fille,
Dans le même berceau souriaient endormis.

La mère, se sentant mourir, leur avait mis
Sa mante sur les pieds et sur le corps sa robe,

Afin que dans cette ombre où la mort nous dérobe,
Ils ne sentissent plus la tiédeur qui décroît
Et pour qu'ils eussent chaud pendant qu'elle avait froid.

. . . .

Qu'est-ce donc que Jeannie a fait chez cette morte ?
Sous sa cape aux longs plis, qu'est-ce donc qu'elle emporte ?
Qu'est-ce donc que Jeannie emporte en s'en allant ?
Pourquoi son cœur bat-il ? pourquoi son pas tremblant
Se hâte-t-il ainsi ? D'où vient qu'en la ruelle
Elle court sans oser regarder derrière elle ?
Qu'est-ce donc qu'elle cache avec un air troublé
Dans l'ombre sur son lit ? Qu'a-t-elle donc volé ?

Quand elle fut rentrée au logis, la falaise
Blanchissait ; près du lit, elle prit une chaise
Et s'assit toute pâle ; on eût dit qu'elle avait
Un remords, et son front tomba sur le chevet,
Et, par instants, à mots entrecoupés, sa bouche
Parlait, tandis qu'au loin grondait la mer farouche.

« Mon pauvre homme ! Ah ! mon Dieu ! que va-t-il dire ?
Déjà tant de souci ! Qu'est-ce que j'ai fait là ?
Cinq enfants sur les bras ! le père qui travaille !
Il n'avait pas assez de peine ; il faut que j'aille
Lui donner celle-là de plus. C'est lui ? Non. Rien.
J'ai mal fait. S'il me bat, je dirai : Tu fais bien.
Est-ce lui ? Non. Tant mieux. La porte bouge comme
Si l'on entrait. Mais non ! Voilà-t-il pas, pauvre homme !
Que j'ai peur de le voir rentrer, moi, maintenant ! »
Puis elle demeure, pensive et frissonnant,
S'enfonçant par degrés dans son angoisse intime,
Perdue en son souci comme dans un abîme,
N'entendant même plus les bruits extérieurs,

Les cormorans qui vont comme de noirs crieurs,
Et l'onde et la marée et le vent en colère.

La porte tout à coup s'ouvrit bruyante et claire,
Et fit, dans la cabane, entrer un rayon blanc,
Et le pêcheur, traînant son filet ruisselant,
Joyeux, parut au seuil et dit : « C'est la marine. »

« C'est toi! cria Jeannie ; et contre sa poitrine
Elle prit son mari, le serrant tendrement
Et lui baisa sa veste avec emportement,
Tandis que le marin disait : « Me voici, femme! »
Et montrait sur son front, qu'éclairait l'âtre en flamme
Son cœur bon et content que Jeannie éclairait.
« Je suis volé, dit-il, la mer, c'est la forêt. »
«Quel temps a-t-il fait?—Dur.—Et la pêche?—Mauvaise
Mais vois-tu, je t'embrasse et me voilà bien aise.
Je n'ai rien pris du tout. J'ai troué mon filet.
Le diable était caché dans le vent qui soufflait.
Quelle nuit! Un moment, dans tout ce tintamarre,
J'ai cru que le bateau se couchait, et l'amarre
A cassé. Qu'as-tu fait, toi, pendant ce temps-là? »
Jeannie eut un frisson dans l'ombre et se troubla.
« Moi? dit-elle. Ah! mon Dieu, rien, comme à l'ordinaire,
J'ai cousu. J'écoutais la mer comme un tonnerre;
J'avais peur. — Oui, l'hiver est dur, mais c'est égal.»
Alors, tremblante ainsi que ceux qui font le mal,
Elle dit : « A propos, notre voisine est morte.
C'est hier qu'elle a dû mourir, enfin n'importe,
Dans la soirée après que vous fûtes partis.
Elle laisse ses deux enfants qui sont petits.
L'un s'appelle Guillaume et l'autre Madeleine ;
L'un qui ne marche pas, l'autre qui parle à peine,
La pauvre bonne femme était dans le besoin. »

L'homme prit un air grave et jetant dans un coin
Son bonnet de forçat mouillé par la tempête :
« Diable! diable! dit-il en se grattant la tête,
Nous avions cinq enfants, cela va faire sept.
Déjà dans la saison mauvaise, on se passait
De souper quelquefois. Comment allons-nous faire ?
Bah! tant pis! Ce n'est pas ma faute. C'est l'affaire
Du bon Dieu. Ce sont là des accidents profonds.
Pourquoi donc a-t-il pris leur mère à ces chiffons ?
C'est gros comme le poing. Ces choses-là sont rudes.
Il faut, pour les comprendre, avoir fait ses études.
Si petits! on ne peut leur dire : Travaillez !
Femme, va les chercher. S'ils se sont réveillés,
Ils doivent avoir peur tout seuls avec la morte.
C'est la mère, vois-tu, qui frappe à notre porte ;
Ouvrons aux deux enfants. Nous les mêlerons tous :
Cela nous grimpera le soir sur les genoux.
Ils vivront, ils seront frère et sœur des cinq autres.
Quand il verra qu'il faut nourrir avec les nôtres
Cette petite fille et ce petit garçon,
Le bon Dieu nous fera prendre plus de poisson.
Moi, je boirai de l'eau, je ferai double tâche.
C'est dit. Va les chercher. Mais qu'as-tu ? ça te fâche ?
D'ordinaire tu cours plus vite que cela. »
« Tiens! dit-elle en ouvrant les rideaux, les voilà ! »

VICTOR HUGO.

Légende des siècles.

APRÈS LA BATAILLE

Mon père, ce héros au sourire si doux,
Suivi d'un seul housard qu'il aimait entre tous
Pour sa grande bravoure et pour sa haute taille,
Parcourait à cheval, le soir d'une bataille,
Le champ couvert de morts sur qui tombait la nuit.
Il lui sembla dans l'ombre entendre un faible bruit;
C'était un Espagnol de l'armée en déroute
Qui se traînait sanglant sur le bord de la route,
Râlant, brisé, livide et mort plus qu'à moitié,
Et qui disait : « A boire, à boire par pitié ! »
Mon père, ému, tendit à son housard fidèle
Une gourde de rhum qui pendait à sa selle,
Et dit : « Tiens, donne à boire à ce pauvre blessé ! »
Tout à coup, au moment où le housard baissé
Se penchait vers lui, l'homme, une espèce de Maure,
Saisit un pistolet qu'il étreignait encore,
Et vise au front mon père en criant : « Caramba ! »
Le coup passa si près que le chapeau tomba
Et que le cheval fit un écart en arrière.
« Donne-lui tout de même à boire ! » dit mon père.

Victor Hugo.
Légende des siècles.

A VILLEQUIER

Maintenant que Paris, ses pavés et ses marbres,
Et sa brume et ses toits sont bien loin de mes yeux;
Maintenant que je suis sous les branches des arbres,
Et que je puis songer à la beauté des cieux;

Maintenant que du deuil qui m'a fait l'âme obscure
  Je sors pâle et vainqueur,
Et que je sens la paix de la grande nature
  Qui m'entre dans le cœur;

Maintenant, ô mon Dieu, que j'ai ce calme sombre
  De pouvoir désormais
Voir de mes yeux la pierre où je sais que dans l'ombre
  Elle dort pour jamais;

Maintenant qu'attendri par ces divins spectacles,
Plaines, forêts, rochers, vallons, fleuve argenté,
Voyant ma petitesse et voyant vos miracles,
Je reprends ma raison devant l'immensité;

Je viens à vous, Seigneur, père auquel il faut croire,
  Et vous porte, apaisé,
Les morceaux de ce cœur tout plein de votre gloire
  Que vous avez brisé :

Je viens à vous, Seigneur, confessant que vous êtes
Bon, clément, indulgent et doux, ô Dieu vivant!

Je conviens que vous seul savez ce que vous faites,
Et que l'homme n'est rien qu'un jonc qui tremble au vent.

Je dis que le tombeau qui sur les morts se ferme
    Ouvre le firmament,
Et que ce qu'ici-bas nous prenons pour le terme
    Est le commencement;

Je conviens à genoux que vous seul, Père auguste,
Possédez le réel, l'infini, l'absolu;
Je conviens qu'il est bon, je conviens qu'il est juste
Que mon cœur ait saigné, puisque Dieu l'a voulu !

Je ne résiste plus à tout ce qui m'arrive
    Par votre volonté.
L'âme de deuil en deuil, l'homme de rive en rive
    Roule à l'éternité.

Vous faites revenir toujours la solitude
    Autour de tous ses pas.
Vous n'avez pas voulu qu'il eût la certitude
    Ni la joie ici-bas !

Dès qu'il possède un bien, le sort le lui retire;
Rien ne lui fut donné, dans ses rapides jours,
Pour qu'il s'en puisse faire une demeure et dire :
« C'est ici ma maison, mon champ et mes amours ! »

Il doit voir peu de temps tout ce que ses yeux voient;
    Il vieillit sans soutiens.
Puisque ces choses sont, c'est qu'il faut qu'elles soient,
    J'en conviens, j'en conviens !

Je vous supplie, ô Dieu, de regarder mon âme,
    Et de considérer
Qu'humble comme un enfant et doux comme une femme
    Je viens vous adorer !

Seigneur, je reconnais que l'homme est en délire
    S'il ose murmurer ;
Je cesse d'accuser, je cesse de maudire,
    Mais laissez-moi pleurer !

Hélas ! laissez les pleurs couler de ma paupière,
Puisque vous avez fait les hommes pour cela !
Laissez-moi me pencher sur cette froide pierre
Et dire à mon enfant : « Sens-tu que je suis-là ? »

Laissez-moi lui parler, incliné sur ses restes,
    Le soir, quand tout se tait,
Comme si, dans sa nuit, rouvrant ses yeux célestes,
    Cet ange m'écoutait !

Hélas ! vers le passé tournant un œil d'envie
Sans que rien ici-bas puisse me consoler
Je regarde toujours ce moment de ma vie
Où je l'ai vue ouvrir son aile et s'envoler !

Je verrai cet instant jusqu'à ce que je meure,
    L'instant, pleurs superflus !
Où je criai : « L'enfant que j'avais tout à l'heure,
    Quoi donc ! je ne l'ai plus ? »

Ne vous irritez pas que je sois de la sorte,
O mon Dieu ! Cette plaie a si longtemps saigné !
L'angoisse dans mon âme est toujours la plus forte,
Et mon cœur est soumis, mais n'est pas résigné.

Voyez-vous, nos enfants nous sont bien nécessaires,
Seigneur; quand on a vu dans sa vie un matin,
Au milieu des ennuis, des peines, des misères,
Et de l'ombre que fait sur nous notre destin,

Apparaître un enfant, tête chère et sacrée,
    Petit être joyeux,
Si beau qu'on a cru voir s'ouvrir à son entrée
    Une porte des cieux ;

Quand on a vu, seize ans, de cet autre soi-même
Croître la grâce aimable et la douce raison,
Lorsqu'on a reconnu que cet enfant qu'on aime
Fait le jour dans notre âme et dans notre maison,

Que c'est la seule joie ici-bas qui persiste
    De tout ce qu'on rêva,
Considérez que c'est une chose bien triste
    De le voir qui s'en va !

Victor Hugo.
Contemplations.

AUTREFOIS

Quand nous habitions tous ensemble
Sur nos collines d'autrefois,
Où l'eau court, où le buisson tremble,
Dans la maison qui touche au bois.

Elle avait dix ans et moi trente;
J'étais pour elle l'univers.
Oh! comme l'herbe est odorante
Sous les arbres profonds et verts!

Elle faisait mon sort prospère,
Mon travail léger, mon ciel bleu,
Lors qu'elle me disait : Mon père!
Tout mon cœur s'écriait : Mon Dieu!

A travers mes songes sans nombre,
J'écoutais son parler joyeux,
Et mon front s'éclairait dans l'ombre
A la lumière de ses yeux.

Elle avait l'air d'une princesse
Quand je la tenais par la main :
Elle cherchait des fleurs sans cesse
Et des pauvres par le chemin.

Elle donnait comme on dérobe
En se cachant aux yeux de tous.
Oh! la belle petite robe
Qu'elle avait, vous rappelez-vous?

Le soir, auprès de ma bougie,
Elle jasait à petit bruit,
Tandis qu'à la vitre rougie
Heurtaient les papillons de nuit.

Les anges se miraient en elle;
Que son bonjour était charmant!
Le ciel mettait en sa prunelle
Ce regard qui jamais ne ment.

AUTREFOIS.

Oh ! je l'avais, si jeune encore,
Vue apparaître en mon destin !
C'était l'enfant de mon aurore,
Et mon étoile du matin !

Quand la lune claire et sereine
Brillait aux cieux, dans ces beaux mois.
Comme nous allions dans la plaine !
Comme nous courions dans les bois !

Puis, vers la lumière isolée
Étoilant le logis obscur,
Nous revenions par la vallée
En tournant le coin du vieux mur :

Nous revenions, cœurs pleins de flamme,
En parlant des splendeurs du ciel.
Je composais cette jeune âme
Comme l'abeille fait son miel.

Doux ange aux candides pensées,
Elle était gaie en arrivant....
Toutes ces choses sont passées
Comme l'ombre et comme le vent.

VICTOR HUGO.
Contemplations.

LE MATIN

Elle avait pris ce pli dans son âge enfantin
De venir, dans ma chambre, un peu chaque matin :
Je l'attendais ainsi qu'un rayon qu'on espère ;
Elle entrait et disait : « Bonjour, mon petit père »,
Prenait ma plume, ouvrait mes livres, s'asseyait
Sur mon lit, dérangeait mes papiers et riait ;
Puis soudain s'en allait comme un oiseau qui passe.
Alors, je reprenais, la tête un peu moins lasse,
Mon œuvre interrompue et, tout en écrivant,
Parmi mes manuscrits je rencontrais souvent
Quelque arabesque folle et qu'elle avait tracée,
Et mainte page blanche entre ses mains froissée,
Où, je ne sais comment, venaient mes plus doux vers.
Elle aimait Dieu, les fleurs, les astres, les prés verts,
Et c'était un esprit avant d'être une femme ;
Son regard reflétait la clarté de son âme.
Elle me consultait sur tout, à tous moments.
Oh ! que de soirs d'hiver radieux et charmants,
Passés à raisonner langue, histoire et grammaire,
Mes quatre enfants groupés sur mes genoux, leur mère
Tout près, quelques amis causant au coin du feu !
J'appelais cette vie être content de peu !
Et dire qu'elle est morte ! Hélas ! que Dieu m'assiste !
Je n'étais jamais gai quand je la sentais triste ;
J'étais morne au milieu du bal le plus joyeux
Si j'avais, en partant, vu quelque ombre en ses yeux.

VICTOR HUGO.

Contemplations.

L'ENFANCE

L'enfant chantait : la mère au lit, exténuée,
Agonisait, beau front dans l'ombre se penchant :
La mort au-dessus d'elle errait dans la nuée;
Et j'écoutais ce râle et j'entendais ce chant.

L'enfant avait cinq ans, et près de la fenêtre,
Ses rires et ses jeux faisaient un charmant bruit,
Et la mère, à côté de ce pauvre doux être
Qui chantait tout le jour, toussait toute la nuit.

La mère alla dormir sous les dalles du cloître
Et le petit enfant se remit à chanter;
La douleur est un fruit : Dieu ne le fait pas croître
Sur la branche trop faible encor pour le porter.

VICTOR HUGO.
Contemplations.

A LA MÈRE DE L'ENFANT MORT

Oh ! vous aurez trop dit au pauvre petit ange
    Qu'il est d'autres anges là-haut,
Que rien ne souffre au ciel, que jamais rien n'y change
    Qu'il est doux d'y rentrer bientôt :

A LA MÈRE DE L'ENFANT MORT.

Que le ciel est un dôme aux merveilleux pilastres,
    Une tente aux riches couleurs ;
Un jardin bleu rempli de lis qui sont des astres,
    Et d'étoiles qui sont des fleurs ;

Que c'est un lieu joyeux plus qu'on ne saurait dire
    Où toujours, se laissant charmer,
On a les chérubins pour jouer et pour rire
    Et le bon Dieu pour nous aimer.

Et puis vous n'aurez pas assez dit, pauvre mère,
    A ce fils si frêle et si doux,
Que vous étiez à lui dans cette vie amère,
    Mais aussi qu'il était à vous,

Que tant qu'on est petit, la mère sur nous veille,
    Mais que plus tard on la défend ;
Et qu'elle aura besoin quand elle sera vieille,
    D'un homme qui soit son enfant.

Si bien qu'un jour, ô deuil, irréparable perte,
    Le doux être s'en est allé !
Hélas ! vous avez donc laissé la cage ouverte,
    Que votre oiseau s'est envolé ?

VICTOR HUGO.
Contemplations.

LE REVENANT

Mères en deuil, vos cris là-haut sont entendus;
Dieu qui tient dans sa main tous les oiseaux perdus,
Parfois au même nid rend la même colombe.
O mères, le berceau communique à la tombe;
L'éternité contient plus d'un divin secret.

La mère dont je vais vous parler, demeurait
A Blois. Je l'ai connue en un temps plus prospère,
Et sa maison touchait à celle de mon père.
Elle avait tous les biens que Dieu donne ou permet;
On l'avait mariée à l'homme qu'elle aimait,
Elle eut un fils, ce fut une ineffable joie.

Ce premier né couchait dans un berceau de soie,
Sa mère l'allaitait; il faisait un doux bruit
A côté du chevet nuptial, et, la nuit,
La mère ouvrait son âme aux chimères sans nombre,
Pauvre mère! et ses yeux resplendissaient dans l'ombre,
Quand sans souffle, sans voix, renonçant au sommeil
Penchée, elle écoutait dormir l'enfant vermeil;
Dès l'aube elle chantait, ravie et toute fière.

Elle se renversait sur sa chaise en arrière,
Son fichu laissant voir son sein gonflé de lait
Elle souriait au faible enfant, et l'appelait,
Ange, trésor, amour, et mille folles choses.

Oh! comme elle baisait ces beaux petits pieds roses!
Comme elle leur parlait! L'enfant charmant et nu,
Riait, et par ses mains sous les bras soutenu,
Joyeux, de ses genoux, montait jusqu'à sa bouche.

Tremblant comme le daim qu'une feuille effarouche,
Il grandit. Pour l'enfant, grandir, c'est chanceler.
Il se mit à marcher, il se mit à parler,
Il eut trois ans; doux âge où déjà la parole,
Comme le jeune oiseau, bat de l'aile et s'envole.
Et la mère disait : Mon fils! puis reprenait :
« Voyez comme il est grand! il apprend, il connaît
Ses lettres. C'est un diable, il veut que je l'habille
En homme; il ne veut plus de ses robes de fille!
C'est déjà très-méchant, ces petits hommes-là!
C'est égal, il lit bien, il ira loin, il a
De l'esprit; je lui fais épeler l'Évangile. »
Et ses yeux adoraient cette tête fragile,
Et femme heureuse, et mère au regard triomphant,
Elle sentait son cœur battre dans son enfant.

Un jour (nous avons tous de ces dates funèbres),
Le croup, monstre hideux, épervier des ténèbres,
Sur la blanche maison brusquement s'abattit,
Horrible, et se ruant sur le pauvre petit
Le saisit à la gorge; ô noire maladie!
De l'air par qui l'on vit sinistre perfidie!
. . . .

L'enfant mourut, la mort entra comme un voleur
Et le prit. Une mère, un père, la douleur,
Le noir cercueil, le front qui se heurte aux murailles,
Les lugubres sanglots qui sortent des entrailles,
Oh! la parole expire où commence le cri,
Silence aux mots humains!

La mère au cœur meurtri
Tandis qu'à ses côtés pleurait le père sombre,
Resta trois mois sinistre, immobile dans l'ombre,
L'œil fixe, murmurant on ne sait quoi d'obscur,
Et regardant toujours le même angle du mur.
Elle ne mangeait pas, sa vie était sa fièvre,
Elle ne répondait à personne; sa lèvre
Tremblait; on l'entendait avec un morne effroi,
Qui disait à voix basse à quelqu'un : « Rends-le moi! »
Et le médecin dit au père : « Il faut distraire
Ce cœur triste et donner à l'enfant mort un frère. »
Le temps passa, les jours, les semaines, les mois;
Elle se sentit mère une seconde fois.

Devant le berceau froid de son ange éphémère,
Se rappelant l'accent dont il disait : Ma mère!
Elle songeait muette, assise sur son lit,
Le jour où, tout à coup, dans son flanc tressaillit
L'être inconnu promis à notre aube mortelle.
Elle pâlit. » Quel est cet étranger? dit-elle.
Puis elle cria, sombre et tombant à genoux :
« Non, non, je ne veux pas! non! tu serais jaloux !
O mon doux endormi! toi que la terre glace,
Tu dirais : « On m'oublie, un autre a pris ma place;
Ma mère l'aime et rit, elle le trouve beau !
Elle l'embrasse, et moi, je suis dans mon tombeau! »
Non! non! »
       Ainsi pleurait cette douleur profonde.
Le jour vint; elle mit un autre enfant au monde,
Et le père joyeux, cria : « C'est un garçon! »
Mais le père était seul joyeux dans la maison;
La mère restait morne, et la pâle accouchée,
Sur l'ancien souvenir tout entière penchée,
Rêvait; on lui porta l'enfant sur un coussin;
Elle se laissa faire et lui donna le sein,

Et tout à coup, pendant que, farouche, accablée,
Pensant au fils nouveau moins qu'à l'âme envolée,
Hélas ! et songeant moins aux langes qu'au linceul,
Elle disait : « Cet ange en son sépulcre est seul ! »
O doux miracle, ô mère au bonheur revenue !
Elle entendit, avec une voix bien connue,
Le nouveau-né parler dans l'ombre entre ses bras,
Et tout bas murmurer : « C'est moi. Ne le dis pas. »

VICTOR HUGO.

Contemplations.

LA NUIT DE DÉCEMBRE

Du temps que j'étais écolier,
Je restais un soir à veiller
Dans notre salle solitaire.
Devant ma table vint s'asseoir
Un pauvre enfant vêtu de noir,
Qui me ressemblait comme un frère.

Son visage était triste et beau
A la lueur de mon flambeau,
Dans mon livre ouvert il vint lire.
Il pencha son front sur sa main,
Et resta jusqu'au lendemain,
Pensif avec un doux sourire.

Comme j'allais avoir quinze ans,
Je marchais un jour à pas lents,

LA NUIT DE DÉCEMBRE.

Dans un bois, sur une bruyère.
Au pied d'un arbre vint s'asseoir
Un jeune homme vêtu de noir,
Qui me ressemblait comme un frère.

Je lui demandai mon chemin ;
Il tenait un luth d'une main,
De l'autre un bouquet d'églantine.
Il me fit un salut d'ami,
Et se détournant à demi,
Me montra du doigt la colline.

A l'âge où l'on croit à l'amour,
J'étais seul dans ma chambre un jour
Pleurant ma première misère.
Au coin de mon feu vint s'asseoir
Un étranger vêtu de noir,
Qui me ressemblait comme un frère,

Il était morne et soucieux
D'une main, il montrait les cieux,
Et de l'autre, il tenait un glaive.
De ma peine il semblait souffrir ;
Mais il ne poussa qu'un soupir
Et s'évanouit comme un rêve.

Un an après, il était nuit ;
J'étais à genoux près du lit
Où venait de mourir mon père.
Au chevet du lit vint s'asseoir
Un orphelin vêtu de noir
Qui me ressemblait comme un frère.

Ses yeux étaient noyés de pleurs ;
Comme les anges de douleurs,
Il était couronné d'épine.
Son luth à terre était gisant,
Sa pourpre de couleur de sang,
Et son glaive dans sa poitrine.

Je m'en suis si bien souvenu
Que je l'ai toujours reconnu
A tous les instants de ma vie.
C'est une étrange vision,
Et cependant, ange ou démon,
J'ai vu partout cette ombre amie.

Lorsque plus tard, las de souffrir,
Pour renaître ou pour en finir,
J'ai voulu m'exiler de France ;
Lorsqu'impatient de marcher,
J'ai voulu partir et chercher
Les vestiges d'une espérance ;

A Pise, au pied de l'Apennin ;
A Cologne, en face du Rhin ;
A Nice, au penchant des vallées ;
A Florence, au fond des palais ;
A Brigues, dans les vieux chalets,
Au sein des Alpes désolées ;

A Gênes sous les citronniers ;
A Vevey, sous les verts pommiers,
Au Havre, devant l'Atlantique,
A Venise, sur l'affreux Lido,
Où vient sur l'herbe d'un tombeau
Mourir la pâle Adriatique :

Partout où sous ces vastes cieux,
J'ai lassé mon cœur et mes yeux,
Saignant d'une éternelle plaie ;
Partout où le boiteux Ennui,
Traînant ma fatigue après lui,
M'a promené sur une claie ;

Partout où le long des chemins,
J'ai posé mon front dans mes mains,
Et sangloté comme une femme ;
Partout où j'ai, comme un mouton
Qui laisse sa laine au buisson
Senti se dénuer mon âme ;

Partout où j'ai voulu dormir,
Partout où j'ai voulu mourir,
Partout où j'ai touché la terre,
Sur ma route est venu s'asseoir
Un malheureux vêtu de noir
Qui me ressemblait comme un frère.

Qui donc es-tu, toi que dans cette vie,
　Je vois toujours sur mon chemin ?
Je ne puis croire, à ta mélancolie,
　Que tu sois mon mauvais destin !
Ton doux sourire a trop de patience,
　Tes larmes ont trop de pitié.
En te voyant, j'aime la Providence.
Ta douleur même est sœur de ma souffrance ;
　Elle ressemble à l'amitié.

Qui donc es-tu ? Tu n'es pas mon bon ange !
　Jamais tu ne viens m'avertir.
Tu vois mes maux (c'est une chose étrange),
　Et tu me regardes souffrir.

Depuis vingt ans, tu marches dans ma voie
    Et je ne saurais t'appeler.
Qui donc est-tu, si c'est Dieu qui t'envoie?
Tu me souris sans partager ma joie,
    Tu me plains sans me consoler.

Ce soir encor je t'ai vu m'apparaître.
    C'était par une triste nuit.
L'aile des vents battait à ma fenêtre,
    J'étais seul courbé sur mon lit.

Mais tout à coup j'ai vu dans la nuit sombre,
    Une forme glisser sans bruit.
Sur mon rideau j'ai vu passer une ombre,
    Elle vient s'asseoir sur mon lit.
Qui donc es-tu, morne et pâle visage,
    Sombre portrait vêtu de noir?
Que me veux-tu, triste oiseau de passage?
Est-ce un vain rêve? Est-ce ma propre image
    Que j'aperçois dans ce miroir?

Qui donc es-tu, spectre de ma jeunesse,
    Pèlerin que rien n'a lassé?
Dis-moi pourquoi je te trouve sans cesse
    Assis dans l'ombre où j'ai passé.
Qui donc es-tu, visiteur solitaire,
    Hôte assidu de mes douleurs?
Qu'as-tu donc fait pour me suivre sur terre?
Qui donc es-tu, qui donc es-tu, mon frère,
    Qui n'apparais qu'au jour des pleurs?

La Vision.

Ami, notre père est le tien.
Je ne suis ni l'ange gardien

Ni le mauvais destin des hommes.
Ceux que j'aime, je ne sais pas
De quel côté s'en vont leurs pas
Sur ce peu de fange où nous sommes.

Je ne suis ni Dieu ni démon,
Et tu m'as nommé par mon nom
Quand tu m'as appelé ton frère ;
Où tu vas, j'y serai toujours
Jusqu'au dernier de tes jours
Où j'irai m'asseoir sur ta pierre.

Le Ciel m'a confié ton cœur ;
Quand tu seras dans la douleur,
Viens à moi sans inquiétude.
Je te suivrai par le chemin,
Mais je ne puis toucher ta main,
Ami, je suis la Solitude.

ALFRED DE MUSSET.
1810-1857.

A M. RÉGNIER

DE LA COMÉDIE FRANÇAISE, APRÈS LA MORT DE SA FILLE.

Quel est donc ce chagrin auquel je m'intéresse ?
Nous nous étions connus par l'esprit seulement ;
Nous n'avions fait que rire, et causé qu'un moment,
Quand sa vivacité coudoya ma paresse.

Puis j'allais par hasard au théâtre, en fumant,
Lorsque du maître à tous la vieille hardiesse,
De sa verve caustique aiguisant la finesse,
En Pancrace ou Scapin le transformait gaîment.

Pourquoi donc, de quel droit, le connaissant à peine,
Est-ce que je m'arrête et ne puis faire un pas,
Apprenant que sa fille est morte dans ses bras?

Je ne sais — Dieu le sait! Dans la pauvre âme humaine,
La meilleure pensée est toujours incertaine,
Mais une larme coule et ne se trompe pas.

ALFRED DE MUSSET.

TRISTESSE

J'ai perdu ma force et ma vie,
Et mes amis et ma gaieté :
J'ai perdu jusqu'à la fierté
Qui faisait croire à mon génie.

Quand j'ai connu la vérité,
J'ai cru que c'était une amie :
Quand je l'ai comprise et sentie,
J'en étais déjà dégoûté.

Et pourtant elle est éternelle,
Et ceux qui se sont passés d'elle,
Ici-bas ont tout ignoré.

Dieu parle, il faut qu'on lui réponde.
Le seul bien qui me reste au monde
Est d'avoir quelquefois pleuré.

ALFRED DE MUSSET.

ESPOIR EN DIEU

Si mon cœur fatigué du rêve qui l'obsède
A la réalité revient pour s'assouvir,
Au fond des vains plaisirs que j'appelle à mon aide,
Je trouve un tel dégoût que je me sens mourir.
Aux jours même où parfois la pensée est impie,
Où l'on voudrait nier pour cesser de douter,
Quand je posséderais tout ce qu'en cette vie
Dans ses vastes désirs l'homme peut convoiter,
Donnez-moi le pouvoir, la santé, la richesse,
L'amour même, l'amour, le seul bien d'ici-bas !
Que la blonde Astarté qu'idolâtrait la Grèce,
De ses îles d'azur sorte en m'ouvrant les bras ;
Quand je pourrais saisir dans le sein de la terre,
Les secrets éléments de sa fécondité,
Transformer à mon gré la vivace matière,
Et créer pour moi seul une unique beauté ;

Quand Horace, Lucrèce et le vieil Epicure,
Assis à mes côtés, m'appelleraient heureux,
Et quand ces grands amants de l'antique nature
Me chanteraient la joie et le mépris des dieux,
Je leur dirais à tous : Quoique nous puissions faire,
Je souffre; il est trop tard; le monde s'est fait vieux;
Une immense espérance a traversé la terre;
Malgré nous vers le ciel il faut lever les yeux !

ALFRED DE MUSSET.

LA NUIT DE MAI

La Muse.

Poëte, prends ton luth; c'est moi, ton immortelle,
Qui t'ai vu cette nuit triste et silencieux,
Et qui, comme un oiseau que sa couvée appelle,
Pour pleurer avec toi descends du haut des cieux.
Viens, tu souffres ami. Quelque ennui solitaire
Te ronge; quelque chose a gémi dans ton cœur;
Quelque amour t'est venu comme on en voit sur terre,
Une ombre de plaisir, un semblant de bonheur.
Viens, chantons devant Dieu; chantons dans tes pensées
Dans tes plaisirs perdus, dans tes peines passées;
Partons, dans un baiser, pour un monde inconnu.
Éveillons au hasard les échos de ta vie,
Parlons-nous de bonheur, de gloire et de folie,
Et que ce soit un rêve, et le premier venu.

Inventons quelque part des lieux où l'on oublie;
Partons, nous sommes seuls, l'univers est à nous.
Voici la verte Écosse et la brune Italie,
Et la Grèce, ma mère, où le miel est si doux,
Argos, et Ptéléon ville des hécatombes,
Et Messa la divine, agréable aux colombes,
Et le front chevelu du Pélion changeant;
Et le bleu Titarèse, et le golfe d'argent
Qui montre dans ses eaux, où le cygne se mire,
La blanche Oloossone à la blanche Camyre.
Dis-moi, quel songe d'or nos chants vont-ils bercer?
D'où vont venir les pleurs que nous allons verser?
Ce matin, quand le jour a frappé ta paupière,
Quel séraphin pensif, courbé sur ton chevet,
Secouait des lilas dans sa robe légère,
Et te contait tout bas les amours qu'il rêvait?
Chanterons-nous l'espoir, la tristesse ou la joie?
Tremperons-nous de sang les bataillons d'acier?
Suspendrons-nous l'amant sur l'échelle de soie?
Jetterons-nous au vent l'écume du coursier?
Dirons-nous quelle main, dans les lampes sans nombre
De la maison céleste, allume nuit et jour
L'huile sainte de vie et d'éternel amour?
Crierons-nous à Tarquin: Il est temps, voici l'ombre!
Descendrons-nous cueillir la perle au fond des mers?
Mènerons-nous la chèvre aux ébéniers amers?
Montrerons-nous le ciel à la mélancolie?
Suivrons-nous le chasseur sur les monts escarpés?
La biche le regarde, elle pleure et supplie;
Sa bruyère l'attend, ses faons sont nouveau nés;
Il se baisse, il l'égorge, il jette à la curée
Sur les chiens en sueur son cœur encor vivant.
Peindrons-nous une vierge à la joue empourprée,
S'en allant à la messe, un page la suivant,
Et d'un regard distrait, à côté de sa mère,

Sur sa lèvre entr'ouverte oubliant sa prière?
Elle écoute, en tremblant, dans l'écho du pilier
Résonner l'éperon d'un hardi cavalier.
Dirons-nous aux héros des vieux temps de la France
De monter tout armés aux créneaux de leurs tours,
Et de ressusciter la naïve romance
Que leur gloire oubliée apprit aux troubadours ?
Vêtirons-nous de blanc une noble élégie ?
L'homme de Waterloo nous dira-t-il sa vie,
Et ce qu'il a fauché du troupeau des humains,
Avant que l'envoyé de la nuit éternelle
Vint sur son tertre vert l'abattre d'un coup d'aile,
Et sur son cœur de fer lui croiser les deux mains ?
Clouerons-nous au poteau d'une satire altière,
Le nom sept fois vendu d'un pâle pamphlétaire,
Qui, poussé par la faim, du fond de son oubli,
S'en vient tout grelottant d'envie et d'impuissance,
Sur le front du génie insulter l'espérance
Et mordre le laurier que son souffle a sal
Prends ton luth ! Prends ton luth ! Je ne puis plus me taire !
Mon aile me soulève au souffle du printemps.
Le vent va m'emporter, je vais quitter la terre.
Une larme de toi ! Dieu m'écoute ! il est temps.

LE POETE.

S'il ne te faut, ma sœur chérie,
Qu'un baiser d'une lèvre amie
Et qu'une larme de mes yeux,
Je te les donnerai sans peine ;
De nos amours qu'il te souvienne
Si tu remontes dans les cieux.
Je ne chante ni l'espérance,

Ni la gloire, ni le bonheur,
Hélas! pas même la souffrance ;
La bouche garde le silence
Pour écouter parler le cœur.

LA MUSE.

Crois-tu donc que je sois comme le vent d'automne,
Qui se nourrit de pleurs jusque sur un tombeau,
Et pour qui la douleur n'est qu'une goutte d'eau ?
O poëte, un baiser, c'est moi qui te le donne ;
L'herbe que je voulais arracher de ce lieu,
C'est ton oisiveté ; ta douleur est à Dieu.
Quel que soit le souci que ta jeunesse endure,
Laisse-la s'élargir, cette sainte blessure
Que les noirs séraphins t'ont faite au fond du cœur :
Rien ne nous rend si grands qu'une grande douleur,
Mais pour en être atteint, ne crois pas, ô poëte,
Que ta voix ici-bas doive rester muette.
Les plus désespérés sont les chants les plus beaux,
Et j'en sais d'immortels qui sont de purs sanglots.
Lorsque le pélican, lassé d'un long voyage,
Dans les brouillards du soir retourne à ses roseaux,
Ses petits affamés courent sur le rivage
En le voyant de loin s'abattre sur les eaux.
Déjà croyant saisir et partager leur proie,
Ils courent vers leur père avec des cris de joie,
En secouant leurs becs sur leurs goîtres hideux.
Lui, gagnant à pas lents une roche élevée,
De son aile pendante abritant sa couvée,
Pêcheur mélancolique, il regarde les cieux.
Le sang coule à longs flots de sa poitrine ouverte ;
En vain il a des mers fouillé la profondeur.

L'Océan était vide et la plage déserte :
Pour toute nourriture il apporte son cœur.
Sombre et silencieux, étendu sur la pierre,
Partageant à ses fils ses entrailles de père.
Dans son amour sublime il berce sa douleur,
Et regardant couler sa sanglante mamelle,
Sur son festin de mort il s'affaisse, il chancelle,
Ivre de volupté, de tendresse et d'horreur.
Mais parfois au milieu du divin sacrifice,
Fatigué de mourir dans un trop long supplice,
Il craint que ses enfants ne le laissent vivant ;
Alors il se soulève, ouvre son aile au vent,
Et se frappant le cœur avec un cri sauvage,
Il pousse dans la nuit un si funèbre adieu
Que les oiseaux des mers désertent le rivage,
Et que le voyageur, attardé sur la plage,
Sentant passer la mort, se recommande à Dieu.
Poëte, c'est ainsi que font les grands poëtes,
Ils laissent s'égayer ceux qui vivent un temps,
Mais les festins humains qu'ils servent à leurs fêtes
Ressemblent la plupart à ceux des pélicans.
Quand ils parlent ainsi d'espérances trompées,
De tristesse et d'oubli, d'amour et de malheur,
Ce n'est pas un concert à dilater le cœur ;
Leurs déclamations sont comme des épées,
Elles tracent dans l'air un cercle éblouissant,
Mais il y pend toujours quelque goutte de sang.

LE POETE.

O muse, spectre insatiable,
Ne m'en demande pas si long.
L'homme n'écrit rien sur le sable
A l'heure où passe l'aquilon.

J'ai vu le temps où ma jeunesse
Sur mes lèvres était sans cesse
Prête à chanter comme un oiseau ;
Mais j'ai souffert un dur martyre,
Et le moins que j'en pourrais dire,
Si je l'essayais sur ma lyre,
La briserait comme un roseau.

Alfred de Musset.

LA FERMIÈRE

Romance.

Amour à la fermière ! elle est
   Si gentille et si douce !
C'est l'oiseau des bois qui se plaît
   Loin du bruit dans la mousse ;
Vieux vagabond qui tend la main,
   Enfant pauvre et sans mère,
Puissiez-vous trouver en chemin
   La ferme et la fermière !

De l'escabeau vide au foyer
   Là le pauvre s'empare,
Et le grand bahut de noyer
   Pour lui n'est point avare ;

C'est là qu'un jour je vins m'asseoir
  Les pieds blancs de poussière;
Un jour... puis en marche! et bonsoir
  La ferme et la fermière!

Mon seul beau jour a dû finir,
  Finir dès son aurore;
Mais pour moi ce doux souvenir
  C'est du bonheur encore :
En fermant les yeux, je revois
  L'enclos plein de lumière,
La haie en fleurs, le petit bois,
  La ferme et la fermière!

Si Dieu, comme notre curé
  Au prône le répète,
Paye un bienfait (même égaré)
  Ah! qu'il songe à ma dette!
Qu'il prodigue au vallon les fleurs,
  La joie et la lumière,
Et garde des vents et des pleurs
  La ferme et la fermière!

Chaque hiver qu'un groupe d'enfants
  A son fuseau sourie,
Comme les anges aux fils blancs
  De la vierge Marie!
Que tous, par la main, pas à pas
  Guidant un petit frère,
Réjouissent de leurs ébats
  La ferme et la fermière!

Ma chansonnette, prends ton vol!
  Tu n'es qu'un faible hommage;

Mais qu'en avril le rossignol
  Chante et la dédommage;
Qu'effrayé par ses chants d'amour,
  L'oiseau du cimetière,
Longtemps, longtemps se taise pour
  La ferme et la fermière!

HÉGÉSIPPE MOREAU.
1810-1838.

LA VIEILLE FILLE

Pauvre fille, toujours ici-bas oubliée,
Toi dont la vie était une lente douleur,
Dont l'âme méconnue en soi s'est repliée,
Amèrement blessée au toucher du malheur :

Toi qui viens de mourir aussi chaste qu'un ange
Et dont le front blanchi dort sous le blanc linceul,
Toi que nul n'a choisie et dont la fleur d'orange
N'a de son pâle éclat, paré que le cercueil,

Console-toi ma sœur, de ce triste hyménée;
De ces vierges qui vont chantant l'hymne de mort,
Fières de leur jeunesse et de leur destinée,
Plus d'une, après l'épreuve, aurait choisi ton sort.

Ton âme vers la paix s'est enfin élancée,
Tu pars riche de pleurs, tous ont été comptés;

Car du livre éternel la joie est effacée,
Et seuls, en lettres d'or, les chagrins sont restés.

Ah! qui sait les ennuis, les désespoirs sans nombre
Les résignations qu'un cœur pauvre nourrit?
Pauvre de tous les biens, et qui s'éteint dans l'ombre,
D'un mal dont sans pitié chacun s'éloigne et rit!

Elle n'eut point d'enfance, et venue à cet âge
Où la beauté reluit dans toute sa splendeur,
Chacun se détourna de son pâle visage,
Sans chercher plus avant ce que gardait son cœur,

Son cœur cachant à tous sa richesse inutile,
Ses secrets battements comprimés sous sa main,
Mystérieux parfum enfermé dans l'argile,
Beau trésor inconnu qu'on foulait en chemin;

Ne murmurant jamais, tant son âme était haute,
N'ayant que Dieu pour juge en ses muets combats,
Et voilant son malheur comme on voile une faute,
Souffrant de ces douleurs qui ne se plaignent pas;

Vivant de ces longs jours isolée et sans guide,
Et voyant chacun d'eux fatalement pareil,
Sans espoir, sans bonheur, triste, uniforme et vide,
Comme un morne horizon sans pluie et sans soleil.

Et quand le poids des ans eut incliné sa tête,
Son cœur tant éprouvé par un destin jaloux,
Se vengea noblement de sa part incomplète,
Elle agrandit sa vie en la donnant à tous.

LA VIEILLE FILLE.

Saintement résignée à marcher solitaire,
Sans époux, sans enfants, sans liens, sans amours,
De tous les affligés elle devint la mère,
Doux nom qu'avaient souvent rêvé ses mauvais jours.

Gloire, gloire à celui qui garde dans son âme,
La foi, divin trésor d'intarissable miel;
Toi, qui n'a partagé que les maux de la femme,
O Vierge en cheveux blancs, va confiante au ciel!

Les dévoûments obscurs sont les plus magnifiques;
Dans l'ombre et le silence ils restent confondus :
C'est la voix du désert chantant les saints cantiques
Qui montent jusqu'à Dieu de lui seul entendus.

Ils veulent des cœurs forts, un assidu courage :
Celui qui les pratique entre tous est béni :
Il amasse en secret un sublime héritage,
Et sème dans son champ un mérite infini.

La vertu glorieuse a le regard des hommes,
L'autre a celui du Dieu juste et mystérieux.
La première a sa fin dans le monde où nous sommes,
L'autre naît sur la terre et ne fleurit qu'aux cieux.

Mme JANVIER.

QU'EST-CE QUE VIVRE?

Naître, vivre et mourir dans la même maison,
N'avoir jamais changé de toit ni d'horizon,
S'être lié tout jeune aux vœux du sanctuaire,
Vierge, voiler son front comme d'un blanc suaire
Et confiner ses jours silencieux, obscurs,
A l'enclos d'un jardin fermé de tristes murs ;
Où dans un sort plus doux, mais non moins monotone,
Vieillir sans rien trouver dont notre âme s'étonne ;
Ne pas quitter sa mère et passer à l'époux
Qui vous avait tenue, enfant, sur ses genoux ;
Aux yeux des grands-parents élever sa famille,
Voir les fils de ses fils sous la même charmille
Où jadis on avait joué devant l'aïeul ;
Homme, vivre ignoré, modeste, pauvre et seul,
Sans voyager, sentir ni respirer à l'aise,
Ni donner plein essor à ce cœur qui vous pèse ;
Dans son quartier natal compter bien des saisons,
Sans voir jaunir les bois ou verdir les gazons ;
Avec les mêmes goûts avoir sa même chambre,
Ses livres du collège et son poêle en décembre,
Sa fenêtre entr'ouverte en mai, se croire heureux
De regarder un lierre en un jardin pierreux ;
Tout cela, puis mourir, plus humblement encore,
Pleuré de quelques yeux, mais sans écho sonore,
Sans flambeau qui longtemps chasse l'oubli vaincu ;
O mon cœur, toi qui sens, dis : Est-ce avoir vécu ?
Pourquoi non ? Et pour vous, qu'est-ce donc que la vie ?
Quand aux jeux du foyer votre enfance ravie
Aurait franchi déjà bien des monts et des flots,

Et vu passer le monde en magiques tableaux ;
Quand plus tard vous auriez égaré vos voyages,
Mêlé vos pleurs, vos cris aux murmures des plages,
Semé de vous les mers, les cités, les chemins,
Loin d'aujourd'hui, d'hier, jeté vos lendemains,
En avant, au hasard, comme un coureur en nage
Lance un disque dans l'air qu'il rattrape au passage,
Quand, sinistre, orageux, étourdi de vos bruits,
Vous auriez, sous le vent, veillé toutes vos nuits,
Vous n'auriez pas vécu pour cela plus peut-être
Que tel cœur inconnu qu'un village a vu naître,
Qu'un cloître saint ensuite a du monde enlevé,
Et qui pria vingt ans sur le même pavé.
Vous n'auriez pas senti plus de joie immortelle,
Plus d'amères douleurs; vous auriez eu plus qu'elle
Des récits seulement à raconter le soir.
Vivre, sachez-le bien, n'est ni voir ni savoir ;
C'est sentir, c'est aimer; aimer, c'est là tout vivre;
Le reste semble peu pour qui lit à ce livre;
Sitôt que passe en nous un seul rayon d'amour,
L'âme entière est éclose ; on la sait en un jour;
Et l'humble, l'ignorant, si le ciel le convie
A ce mystère immense aura connu la vie.
O vous dont le cœur pur dans l'ombre s'échauffant,
Aime ardemment un père, un époux, un enfant,
Une tante, une sœur, foule simple et bénie,
Qui savez où l'on va quand la vie est finie,
Qui savez comme on pleure, ou de joie ou de deuil,
Près d'un berceau vermeil ou sur un noir cercueil,
Et comme on aime Dieu, même alors qu'il châtie,
Et comme la prière, à l'âme repentie,
Verse au pied de l'autel d'abondantes ferveurs,
Oh ! n'enviez jamais ces inquiets rêveurs
Dont la vie ennuyée avec orgueil s'étale,
Ou s'agite sans but, turbulente et fatale;

Seuls, ils croient tout sentir, délices et douleurs ;
Seuls, ils croient dans la vie avoir le don des pleurs,
Avoir le sens caché de l'énigme divine,
Avoir goûté les fruits de l'arbre et sa racine,
Et fiers de tout connaître, ils raillent en sortant.
O vous, plus humbles qu'eux, vous en savez autant!
L'amour vous a tout dit dans sa langue sublime ;
Il a dans vos lointains doré plus d'une cime,
Ou l'œil sur vos tisons d'où la flamme jaillit,
Ou regardant, couché, le ciel de votre lit ;
Ou, vierge du Seigneur, dans l'étroite cellule,
Sous la lampe de nuit dont la lueur ondule,
Adorant saintement et la Mère et le Fils,
Et pour remède aux maux baisant le crucifix :
Vous avez agité bien des rêves de l'âme ;
Vous vous êtes donné ce que tout cœur réclame,
Des cœurs selon le vôtre, et vous avez pleuré
En remuant des morts le souvenir sacré.
O moi, si jusqu'ici j'ai tant gémi sur terre,
Si j'ai tant vers le ciel lancé de plainte amère,
C'est moins de ce qu'esclave à ma glèbe attaché
Je n'ai pu faire place à mon destin caché ;
C'est moins de n'avoir pas visité ces rivages
Que des noms éternels peuplent de leurs images,
Où l'orange est si mûre, où le ciel est si bleu ;
C'est plutôt, jusqu'ici, d'avoir aimé trop peu !

Sainte-Beuve.
1804-1869

AUX ENFANTS QUI NE SONT PLUS

Vous à peine entrevus au terrestre séjour,
    Beaux enfants, voyageurs d'un jour,
Quand les astres sont purs, dans leurs tremblantes flammes,
    Voit-on flotter vos jeunes âmes?

    Vous qui passez comme les fleurs,
    Qui ne semblez toucher la terre
Que pour vous envoler tout baignés de nos pleurs,
Enfants, révélez-nous le triste et doux mystère
D'une apparition qui fait rêver le ciel,
Et de votre départ si prompt et si cruel.

Eh! comment voyons-nous nos plus pures délices
    Se changer en amers calices,
    Pleins d'inépuisables regrets?
De ces sources de pleurs, contez-nous les secrets.
Fleurs des tendres amours! ne laissez-vous de traces
Que vos chastes baisers, que vos tranquilles grâces,
Vos larmes sans remords, vos voix d'anges mortels,
Qui font des cœurs aimants vos douloureux autels?
    Sous une forme périssable,
N'êtes-vous pas des cieux les jeunes messagers,
    Et vos sourires passagers
Portent-ils de la foi l'empreinte ineffaçable?

Venez-vous en courant dire : « Préparez-vous!
Bientôt vous quitterez ce que l'on croit la vie;
Celle qui vous attend seule est digne d'envie;

Oh! venez dans le ciel la goûter avec nous!
Ne craignez pas, venez, Dieu règne sans colère;
De nos destins charmants vous aurez la moitié.
Celui qui pleure, hélas! ne peut plus lui déplaire;
Le méchant même a part dans sa pitié;
Sous sa main qu'il étend toute plaie est fermée :
Qui se jette en son sein ne craint plus l'abandon,
Et le sillon cuisant d'une larme enflammée
    S'efface au souffle du pardon.
    Embrassez-nous! Dieu nous rappelle;
Nous allons devant vous; mères, ne pleurez pas!
Car vous aurez un jour une joie immortelle,
Et vos petits enfants souriront dans vos bras. »

Ainsi vous nous quittez, innocentes colombes,
Et sur nos toits d'exil vous planez un moment,
Pour écouter, peut-être avec étonnement,
Les cris que nous jetons à l'entour de vos tombes.
Ah! du moins, emportez au sein de notre Dieu
Les sanglots dont la terre escorte votre adieu.
Allez du moins lui dire : « Il est toujours des mères,
Des femmes pour aimer, pour attendre et souffrir,
Pour acheter longtemps, par des peines amères,
    Le bonheur de mourir!»
Ah! dites-lui : «Toujours les hommes sont à plaindre;
Toujours en vous nommant ils ne s'entendent pas,
Plus faibles que l'enfant dont vous guidez les pas
    On ne leur apprend qu'à vous craindre.
Et nous avons tremblé de demeurer longtemps,
De nous perdre sans vous dans les sombres vallées;
Et nous avons quitté nos mères désolées :
Dieu, versez quelque espoir dans leurs cœurs palpitants,
Elles pleurent encore! » Il est trop véritable;
De vos berceaux déserts le vide épouvantable
Les fait longtemps mourir et crier à genoux:

« Nous voulons nos enfants! nos enfants sont à nous! »
Mais Dieu pose sa main sur leurs yeux pleins de larmes;
Il éclaire, il console, il montre l'avenir;
L'avenir dévoilé, resplendit de vos charmes,
Et l'espoir, goutte à goutte, endort le souvenir.
    La promesse qui les enchante
    Les suit jusque dans leur sommeil;
    Et cette parole touchante
    Les soutient encore au réveil:
« Laissez venir à moi ces frêles créatures,
Et je vous les rendrai; mères, ne pleurez pas!
Priez, Dieu vous rendra vos amours les plus pures,
Et vos petits enfants souriront dans vos bras. »

            Mme DESBORDES-VALMORE.
            1787-1859.

UN ARC DE TRIOMPHE

    Tout ce qu'ont dit les hirondelles
    Sur le colossal monument,
    C'est que c'était à cause d'elles
    Qu'on élevait ce bâtiment.

    Leur nid s'y pose si tranquille,
    Si près des grands chemins du jour,
    Qu'elles ont pris ce champ d'asile
    Pour causer d'affaire ou d'amour.

UN ARC DE TRIOMPHE.

En hâte, à cette énorme porte,
Parmi tous ces morts triomphants,
Sans façon l'hirondelle apporte
Un grain de chanvre à ses enfants.

Dans le casque de la victoire,
L'une, heureuse, a couvé ses œufs,
Qui tout ignorants de l'histoire,
Éclosent fiers comme chez eux.

Voulez-vous lire au fond des gloires
Dont le marbre est tout recouvert ?
Mille doux cris à têtes noires
Sortent du grand livre entr'ouvert.

La plus mince qui rentre en France
Dit aux oiseaux de l'étranger :
« Venez voir notre nid immense,
Nous avons de quoi vous loger. »

Car dans leurs plaines de nuages,
Les canons ne s'entendent pas
Plus que si les hommes bien sages
Riaient, s'entr'aimaient en bas.

La guerre est un cri de cigale
Pour l'oiseau qui monte chez Dieu,
Et le héros que rien n'égale
N'est vu qu'à peine en si haut lieu.

Voilà pourquoi les hirondelles,
A l'aise dans ce bâtiment.

Disent que c'est à cause d'elles
Que Dieu fit faire un monument!

Mme DESBORDES-VALMORE.

SÉPARATION

Le ciel est calme et pur, la terre lui ressemble;
Elle offre avec orgueil au soleil radieux
L'essaim tourbillonnant de ses enfants heureux.
Dans les parvis sacrés la foule se rassemble.
O vous qui vous aimez et qui restez ensemble,
Vous qui pouvez encor prier en souriant,
Un mot à Dieu pour ceux qui pleurent en priant,
      Vous qui restez ensemble!

Soleil, du voyageur, toi, le divin secours,
En tous lieux brilles-tu comme au ciel de la France?
N'as-tu pas en secret, parfois, de préférence,
Comme un cœur a souvent de secrètes amours,
Ou pour tous les pays as-tu donc de beaux jours?
Oh! d'un rayon ami, protége le voyage!
Sur le triste exilé qui fuit loin du rivage,
      Soleil, brille toujours!

Brise de nos printemps, qui courbes chaque branche,
Dont le souffle léger vient caresser les fleurs
Et s'imprègne en passant de leurs fraîches odeurs,
Au loin, du faible esquif qui s'incline et se penche,

SÉPARATION.

Enfles-tu doucement l'humide voile blanche ?
Brise, sois douce et bonne au vaisseau qui s'enfuit;
Comme un ange gardien, surveille jour et nuit
  L'humide voile blanche.

Mer, dont l'immensité se dérobe à mes yeux,
Arrête la fureur de ta vague écumante,
Étouffe l'ouragan dont la voix se lamente,
Endors tes flots profonds, sombre miroir des cieux !
Que ton onde sommeille à l'heure des adieux :
Renferme dans ton sein le vent de la tempête,
Et reçois mon ami comme un ami qu'on fête,
  A l'heure des adieux.

Mais pourquoi de la mer implorer la clémence,
Quand l'univers entier obéit au Seigneur ?
C'est lui qu'il faut prier quand se brise le cœur,
Quand sur nos fronts pâlis vient planer la souffrance,
Quand pour nos yeux en pleurs, ton aurore commence,
O toi, de tous nos jours, le jour le plus affreux,
Que l'on achève seul, que l'on commence à deux,
  Premier jour de l'absence !

Mais n'est-il pas, mon Dieu ! dans tes divins séjours,
Un ange qui protége à l'ombre de ses ailes
Tous les amours bénis par tes mains paternelles,
Le bon ange, ô mon Dieu, des fidèles amours ?
Il s'attriste aux départs et sourit aux retours,
Il rend au pèlerin la route plus unie;
Oh ! veille donc sur lui, toi qui m'as tant bénie,
  Bon ange des amours !

Le ciel est calme et pur, la terre lui ressemble;
Elle offre avec orgueil au soleil radieux

L'essaim tourbillonnant de ses enfants heureux ;
Dans les parvis sacrés la foule se rassemble.
O vous qui vous aimez et qui restez ensemble,
Vous qui pouvez encor prier en souriant,
Un mot à Dieu pour ceux qui pleurent en priant,
    Vous qui restez ensemble !

Mme D'ARBOUVILLE.
1812-1850.

LES LANGES DE JÉSUS

Auprès de Nazareth, au bord de la piscine,
La Vierge vint laver les langes de Jésus.
Or, une pauvre femme était là, sa voisine,
Qui lui dit, reprenant ses travaux suspendus :

De ce ruisseau, ma sœur, connaissez-vous l'histoire ?
Ce n'était qu'un ravin au temps de la moisson :
Le plus petit oiseau n'y trouvait pas à boire ;
Les troupeaux, maintenant, y plongent leur toison.

Ses flots semblent créer des Édens dans leur course,
Et sous les feux du soir redoubler de fraîcheur ;
On dirait que quelque ange a remué leur source...
La Vierge répondit : « Bénissez le Seigneur ! »

Sa vertu bienfaisante en tout se manifeste,
Les arbres qu'il arrose en ont plus de vigueur,
Leurs fruits semblent mûris dans le jardin céleste !
La Vierge répondit : «Bénissez le Seigneur ! »

Alors que sa cavale ici se désaltère,
Le simoun n'a jamais surpris le voyageur,
Ni l'Arabe infesté sa route solitaire !
La Vierge répondit : « Bénissez le Seigneur ! »

Et pour mettre le comble à ces choses étranges :
Mon enfant pâlissait ; il reprend sa couleur
Depuis que dans ces eaux je viens laver ses langes !
La Vierge répondit : « Bénissez le Seigneur ! »

Toute la Galilée en est dans l'allégresse.
Savez-vous d'où nous vient une telle faveur ?
Nos scribes, nos docteurs, y perdent leur sagesse !
La Vierge répondit : « Bénissez le Seigneur ! »

Elle aurait pu tout dire à la pieuse femme,
Marie à ce prodige avait longtemps rêvé :
Mais le bruit du dehors n'allait pas à son âme,
Et le temps de son fils n'était pas arrivé.

REBOUL.
1706-1864.

ÉPISODE DE L'INONDATION

1856.

Le temps est lourd et sombre et le sud obstiné
Fait refluer les flots loin de leur embouchure;
Le Rhône a débordé. Pour combler la mesure,
On mande que la Saône à son tour a donné !

Avignon a déjà vu crouler ses murailles;
Les hameaux ne sont plus que des îles de toits;
La plaine ne fait voir que la pointe du bois
Où le reptile vert enroule ses écailles.

Le sauvage bétail, chassé de ses roseaux,
A gagné les hauteurs non encore envahies,
Et poussant, effaré, des plaintes inouïes,
Vers les cieux ruisselants élève ses naseaux.

Et puis là-bas, là-bas, sous une vase immonde,
Récolte anéantie et désastres sans fin ;
Et puis, entre la nue et le linceul de l'onde,
La noire vision du spectre de la faim.

Et le fleuve à nos pieds, comme un tigre rapide
Qui fuit en emportant sa chasse sur son dos,
Entraîne les moissons, les forêts, les troupeaux,
Désormais remplacés par une lande aride.

Comme pétrifié par un immense effroi,
Je contemplais muet cette scène cruelle.
Or, tenant un enfant sans crainte à sa mamelle,
Une femme s'était assise auprès de moi.

Tout à coup, se levant, le visage livide,
Serrant plus fortement son enfant dans ses bras,
Loin du fleuve sinistre elle fuit à grands pas.
Cette mère avait vu passer un berceau vide.

REBOUL.

MARIE

Un jour que nous étions assis au pont Kerlô,
Laissant pendre, en riant, nos pieds au fil de l'eau,
Joyeux de la troubler, ou bien, à son passage,
D'arrêter un rameau, quelque flottant herbage,
Ou sous les saules verts d'effrayer le poisson
Qui venait au soleil dormir près du gazon ;
Seuls, en ce lieu sauvage, et nul bruit, nulle haleine
N'éveillant la vallée immobile et sereine,
Hors nos ris enfantins et l'écho de nos voix
Qui partait par volées et courait dans les bois,
Car entre deux forêts la rivière encaissée
Coulait jusqu'à la mer, lente, claire et glacée ;
Seuls, dis-je, en ce désert, et libres tout le jour,
Nous sentions en jouant nos cœurs remplis d'amour

C'était plaisir de voir sous l'eau limpide et bleue
Mille petits poissons faisant frémir leur queue,
Se mordre, se poursuivre, ou par bandes nageant,
Ouvrir et refermer leurs nageoires d'argent;
Puis les saumons bruyants, et sous son lit de pierre,
L'anguille qui se cache au bord de la rivière;
Des insectes sans nombre, ailés ou transparents,
Occupés tout le jour à monter les courants,
Abeilles, moucherons, alertes demoiselles,
Se sauvant sous les joncs du bec des hirondelles.
Sur la main de Marie, une vint se poser,
Si bizarre d'aspect qu'afin de l'écraser
J'accourus, mais déjà ma jeune paysanne
Par l'aile avait saisi la mouche diaphane,
Et voyant la pauvrette en ses doigts remuer;
«Mon Dieu, comme elle tremble! Oh! pourquoi la tuer?»
Dit-elle, et dans les airs sa bouche ronde et pure
Souffla légèrement la frêle créature
Qui déployant soudain ses deux ailes de feu
Partit et s'éleva joyeuse et louant Dieu.

Auguste Brizeux.

1803-1858.

LE MOUSTOIR

O maison du Moustoir! combien de fois la nuit,
Ou quand j'erre le jour dans la foule et le bruit,
Tu m'apparais! Je vois les toits de ton village
Baignés à l'horizon dans des mers de feuillage,
Une grêle fumée au-dessus; dans un champ
Une femme de loin appelant son enfant;
Ou bien un jeune pâtre assis près de sa vache,
Qui, tandis qu'indolente elle paît à l'attache,
Entonne un air breton si plaintif et si doux,
Qu'en le chantant ma voix vous ferait pleurer tous.
Oh! les bruits, les odeurs, les murs gris des chaumières,
Le petit sentier blanc et bordé de bruyères,
Tout renaît comme au temps où, pieds nus, sur le soir,
J'escaladais la porte et courais au Moustoir;
Et dans ces souvenirs où je me sens revivre,
Mon pauvre cœur troublé se délecte et s'enivre!
Aussi, sans me lasser, tous les jours je revois
Le haut des toits de chaume et le bouquet de bois,
Au vieux puits la servante allant remplir ses cruches,
Et le courtil en fleur où bourdonnent les ruches,
Et l'aire, et le lavoir, et la grange; en un coin,
Les pommes par monceaux et les meules de foin :
Les grands bœufs étendus aux portes de la crèche,
Et devant la maison un lit de paille fraîche.
Et j'entre, et c'est d'abord un silence profond,
Une nuit calme et noire; aux poutres du plafond
Un rayon de soleil, seul, darde sa lumière,
Et tout autour de lui fait danser la poussière.

Chaque objet cependant s'éclaircit; à deux pas,
Je vois le lit de chêne et son coffre, et plus bas
Vers la porte, en tournant), sur le bahut énorme
Pêle-mêle bassins, vases de toute forme,
Pain de seigle, laitage, écuelles de noyer,
Enfin, plus bas encor, sur le bord du foyer,
Assise à son rouet près du grillon qui crie,
Et dans l'ombre filant, je reconnais Marie;
Et sous sa jupe blanche arrangeant ses genoux,
Avec son doux parler, elle me dit : C'est vous!

AUGUSTE BRIZEUX.

LE VASE BRISÉ

Le vase où meurt cette verveine
D'un coup d'éventail fut fêlé ;
Le coup dut l'effleurer à peine
Aucun bruit ne l'a révélé.

Mais la légère meurtrissure
Mordant le cristal chaque jour,
D'une marche invisible et sûre,
En a fait lentement le tour.

Son eau fraîche a fui goutte à goutte,
Le suc des fleurs s'est épuisé;
Personne encore ne s'en doute;
N'y touchez pas, il est brisé !

Souvent aussi la main qu'on aime,
Effleurant le cœur, le meurtrit;
Puis le cœur se fend de lui-même,
La fleur de son amour périt.

Toujours intact aux yeux du monde,
Il sent croître et pleurer tout bas
Sa blessure fine et profonde :
Il est brisé ; n'y touchez pas !

SULLY PRUDHOMME.

APRÈS LA MORT DE LAURE

Imité de Pétrarque.

La vie avance et fuit sans ralentir le pas,
Et la mort vient derrière à si grandes journées
Que les heures de paix qui me furent données
Me paraissent un rêve et comme n'étant pas !

Je m'en vais, mesurant d'un sévère compas
Mon sinistre avenir et vois mes destinées
De tant de maux divers encor environnées
Que je veux me donner de moi-même au trépas ;

Si mon malheureux sort eût jadis quelque joie,
Triste, je m'en souviens ; et puis, tremblante proie,
Devant, je vois la mer qui va me recevoir.

Je vois ma nef sans mât, sans antenne et sans voiles,
Mon nocher fatigué, le ciel livide et noir,
Et les beaux yeux éteints qui me servaient d'étoiles.

ANTOINE DESCHAMPS.
1800-1869.

SONNET

PRÉFACE DU RECUEIL

de M. ARNOULD

Cher inconnu, qui prends ce livre
Pour le feuilleter au hasard,
Songe que ce n'est pas mon art,
Mais mon âme que je te livre.

Nul splendide espoir ne m'enivre,
Car je ne viendrais pas si tard
T'offrir ces vers nés à l'écart,
Qui m'ont aidé vingt ans à vivre.

Si parfois ils te font rêver,
N'y crois pas cependant trouver
Vol sublime ou brûlante extase ;

Bien qu'ils soient tous sortis du cœur,
De la poétique liqueur
Le meilleur reste au fond du vase.

EDMOND ARNOULD.
1811-1861.

SONNET

Trente-huit fois déjà je t'ai vu reparaître,
Depuis que mes parents pour la première fois,
Parmi des cris plaintifs entendirent ma voix,
Jour heureux et fatal où j'ai commencé d'être !

SONNET.

Malgré l'amer destin que tu m'as fait connaître,
Malgré les maux subis et ceux que je prévois,
Malgré mon dos meurtri du fardeau de ma croix,
Je ne te maudis pas! — Tu me bénis peut-être?

Oui, car si j'ai souffert, j'ai senti, j'ai vécu;
Oui, car je lutte encor et ne suis pas vaincu;
Oui, car de mes combats mon âme sort plus belle;

Oui, car si j'ai perdu les rêves du berceau,
Dans l'espace infini j'étends, plus fier, mon aile,
Et j'ai porté mon but au delà du tombeau.

Edmond Arnould.

SONNET

Je regrettais jadis, en voyant dans les fers
Un peuple généreux expier sa noblesse,
Les temps où Némésis, l'implacable déesse,
Sombre et le glaive en main, parcourait l'univers.

Pour tant de pleurs versés, pour tant de maux soufferts,
Pour tant de fronts courbés sous le joug qui les blesse,
J'eusse invoqué vingt fois sa fureur vengeresse,
Et déchaîné sans peur tous les dieux des enfers.

Je te hais aujourd'hui, divinité farouche !
Je veux à te maudire habituer ma bouche,
Sachant ce que je sais, croyant ce que je crois...

Mille prisons, croulant à ta voix dans les flammes
N'égaleront jamais, pour affranchir les âmes,
Une goutte de sang qui tombe d'une croix !

Edmond Arnould.

SUR UN TABLEAU D'ANTIGNA

Jeune Bretonne aux blonds cheveux
Ramassés dans sa coiffe blanche,
Au coude ayant troué sa manche,
Le front uni, vierge d'aveux ;
La brassière en rouge futaine,
L'esprit s'ouvrant, l'œil bien ouvert,
Remplit sa cruche de grès vert
    A la fontaine.

La saison, comme elle, est en fleurs ;
Des églantiers la simple rose
Et sa joue innocente et rose
Rayonnent de même couleur.
Oubliant que sa cruche est pleine,
Elle écoute chanter longtemps
Le moulin, son cœur, le printemps
    Et la fontaine.

Enfants, ne vous attardez pas
Près de la source qui babille ;
On voit plus d'une jeune fille
Y glisser et faire un faux pas.
La route est souvent incertaine ;
Et Greuze [1] vous dirait comment
On revient parfois tristement
  De la fontaine !

Y rêver ainsi ne vaut rien.
Votre mère qui la ménage
Attend d'autre eau pour son ménage.
Marchez droit et tenez-vous bien,
Jusqu'à la vieillesse lointaine...
Pour qu'alors votre souvenir
Sans remords puisse revenir
  A la fontaine !

Jules de Gères.

DANTE

Dante, vieux Gibelin ! quand je vois en passant
Le plâtre blanc et mat de ce masque puissant
Que l'art nous a laissé de ta divine tête,
Je ne puis m'empêcher de frémir, ô poëte !
Tant la main du génie et celle du malheur
Ont imprimé sur toi le sceau de la douleur.
Sous l'étroit chaperon qui presse tes oreilles,
Est-ce le pli des ans ou le sillon des veilles
Qui traverse ton front si laborieusement ?

(1) Le tableau de la Cruche cassée.

Est-ce au champ de l'exil, dans l'avilissement,
Que ta bouche s'est close à force de maudire?
Ta dernière pensée est-elle en ce sourire
Que la mort sur ta lèvre a cloué de ses mains?
Est-ce un ris de pitié pour les pauvres humains?
Ah! le mépris va bien à la bouche de Dante,
Car il reçut le jour dans une ville ardente,
Et le pavé natal fut un champ de graviers
Qui déchira longtemps la plante de ses pieds;
Dante vit, comme nous, les passions humaines
Rouler autour de lui leurs fortunes soudaines;
Il vit les citoyens s'égorger en plein jour,
Les partis écrasés renaître tour à tour;
Il vit sur les bûchers s'allumer les victimes;
Il vit pendant trente ans passer des flots de crimes,
Et le mot de patrie, à tous les vents jeté,
Sans profit pour le peuple et pour la liberté.
O Dante Alighieri, poëte de Florence,
Je comprends aujourd'hui ta mortelle souffrance;
Amant de Béatrix, à l'exil condamné,
Je comprends ton œil cave et ton front décharné,
Le dégoût qui te prit des choses de ce monde,
Ce mal de cœur sans fin, cette haine profonde,
Qui te faisant atroce en te fouettant l'humeur,
Inondèrent de bile et ta plume et ton cœur.
Aussi, d'après les mœurs de ta ville natale,
Artiste, tu peignis une toile fatale,
Et tu fis le tableau de sa perversité
Avec tant d'énergie et tant de vérité
Que les petits enfants qui, le jour, dans Ravenne,
Te voyaient traverser quelque place lointaine,
Disaient en contemplant ton front livide et vert:
« Voilà, voilà celui qui revient de l'enfer! »

Auguste Barbier.

LA PETITE MAISON

Dieu garde la maison, la petite maison
    Déserte sur la plage !
Voici les vents d'hiver, et la dure saison
    Sévit sur le rivage !

Dieu garde la maison, la petite maison
    Du pêcheur solitaire !
La neige est dans la brume au bord de l'horizon,
    La neige est sur la terre !

Dieu garde la maison, la petite maison
    Tremblant au flot qui gronde !
L'ouragan est si noir, l'océan si profond,
    Elle est si loin du monde !

            A. M. BLANCHECOTTE.

LA BRANCHE DE TROENE

C'était un clair matin ; nous allions pas à pas ;
Toi rêvant au bonheur, moi rêvant à ma peine :
Je ne t'écoutais point parler : tu t'en allas
    Prendre une branche de troène.

Puis tu revins à moi sur le bord du chemin;
Un rayon inondait ta figure sereine.
Je souris en voyant la fleur ; et de ta main
    J'ai pris la branche de troëne.

Le clair matin alpestre a fui ; rendue aux miens,
Je n'entends plus aux creux des grottes la fontaine,
Tu ne t'en souviens plus, mais moi, je m'en souviens
    De cette branche de troëne.

A. M. BLANCHECOTTE.

TRAVAIL

Ne la dispersons pas, cette vie éphémère !
Doublons le temps rapide, armons l'heure légère :
Soyons dès le matin vigilants : agissons !
Bêchons le champ de l'âme, ayons plusieurs moissons !
Grâce à la force vive en nous-mêmes amassée,
Faisons rendre à l'esprit ce qu'il peut de pensée,
Faisons donner au cœur ce qu'il contient d'amour !
Méditons, enseignons, pratiquons tour à tour.
Il ne faut point partir sa tâche à moitié faite,
Mais présenter à Dieu sa mesure complète.
Chacun de nos instants peut être le dernier,
Soyons prêtre et soldat, l'apôtre et le guerrier;
Ne déposons jamais le bâton de voyage :
Quoi qu'on ait fait, on peut encore davantage.

Ce n'est rien d'échouer, ayant voulu le bien :
Le crime est pour celui tout seul qui ne fait rien.

A. M. Blanchecotte.

MIDI

Midi, roi des étés, épandu sur la plaine,
Tombe en nappe d'argent des hauteurs du ciel bleu.
Tout se tait. L'air flamboie et brûle sans haleine,
La terre est assoupie en sa robe de feu.

L'étendue est immense où les champs n'ont point d'ombre,
Et la source est tarie où buvaient les troupeaux ;
La lointaine forêt dont la lisière est sombre
Dort là-bas immobile en un pesant repos.

Seuls les grands blés mûris tels qu'une mer dorée,
Se déroulent au loin dédaigneux du sommeil ;
Pacifiques enfants de la terre sacrée,
Ils épuisent sans peur la coupe du soleil.

Parfois comme un soupir de leur âme brûlante,
Du sein des épis lourds qui murmurent entre eux,
Une ondulation majestueuse et lente
S'éveille et va mourir à l'horizon poudreux.

Non loin, quelques bœufs, blancs couchés parmi les herbes
Bavent avec lenteur sur leurs fanons épais,
Et suivent de leurs yeux languissants et superbes
Le songe intérieur qu'ils n'achèvent jamais.

LECONTE DE LISLE.

LES BŒUFS

J'ai deux grands bœufs dans mon étable,
Deux grands bœufs blancs, marqués de roux;
La charrue est en bois d'érable,
L'aiguillon en branche de houx;
C'est par leurs soins qu'on voit la plaine
Verte l'hiver, jaune l'été;
Ils gagnent dans une semaine
Plus d'argent qu'ils n'en ont coûté.
    S'il me fallait les vendre,
    J'aimerais mieux me pendre :
J'aime Jeanne, ma femme; eh bien, j'aimerais mieux
La voir mourir que voir mourir mes bœufs.

Les voyez-vous, les belles bêtes,
Creuser profond et tracer droit,
Bravant la pluie et les tempêtes,
Qu'il fasse chaud, qu'il fasse froid?

LES BŒUFS.

Lorsque je fais halte pour boire,
Un brouillard sort de leurs naseaux,
Et je vois sur leur corne noire
Se poser les petits oiseaux.
 S'il me fallait les vendre, etc.

Ils sont forts comme un pressoir d'huile,
Ils sont doux comme des moutons.
Tous les ans on vient de la ville
Les marchander dans nos cantons,
Pour les mener aux Tuileries,
Au mardi gras devant le Roi,
Et puis les vendre aux boucheries.
Je ne veux pas, ils sont à moi.
 S'il me fallait les vendre, etc.

Quand notre fille sera grande,
Si le fils de notre régent
En mariage la demande,
Je lui promets tout mon argent :
Mais si pour dot il veut qu'on donne
Les grands bœufs blancs, marqués de roux,
Ma fille, laissons la couronne,
Et ramenons les bœufs chez nous.
 S'il me fallait les vendre,
 J'aimerais mieux me pendre ;
J'aime Jeanne, ma femme ; eh bien, j'aimerais mieux
La voir mourir que voir mourir mes bœufs.

PIERRE DUPONT.
1821-1870.

LES DEUX CORTÉGES

Deux cortéges se sont rencontrés à l'église ;
L'un est morne, il conduit la bière d'un enfant.
Une femme le suit, presque folle, étouffant
Dans sa poitrine en feu le sanglot qui la brise.

L'autre, c'est un baptême. Au bras qui le défend,
Un nourrisson bégaye une note indécise :
Sa mère, lui tendant le doux sein qu'il épuise,
L'embrasse tout entier d'un regard triomphant !

On baptise, on absout, et le temple se vide.
Les deux femmes, alors, se croisant sous l'abside,
Échangent un coup d'œil aussitôt détourné,

Et... merveilleux retour qu'inspire la prière,
La jeune mère pleure en regardant la bière,
La femme qui pleurait sourit au nouveau-né !

Joséphin Soulary.

LA BARQUE DES PÊCHEURS

Le vent mugit : c'est la tourmente;
Que Dieu sauve de ses fureurs
Sur la vaste mer écumante,
La frêle barque des pêcheurs !

L'ouragan joue avec la quille
Qu'un effort vigoureux défend.
Ils sont trois sur cette coquille :
Un vieillard, un homme, un enfant.

« La tempête en vain nous assiége,
Disait le patron effaré :
Avec ma ceinture de liége
J'échapperai, j'échapperai ! »

Le matelot pensait : « J'estime
Que ce vieux-là craint le danger;
Moi vaillant, je brave l'abîme :
Je sais nager, je sais nager. »

Il ne sait pas nager, le mousse,
Il n'a pas de ceinture, lui;
Et pourtant à chaque secousse,
A chaque éclair nouveau qui luit,

Il n'a pas peur, l'enfant ! Il prie;
Il dit à Dieu dans sa candeur :

« Je vois bien la vague en furie ;
Mais je vous vois aussi, Seigneur.

Pas un seul cheveu de ma tête
Ne tombera sans votre aveu ;
De l'écueil et de la tempête
Vous pouvez me sauver, mon Dieu ! »

Sur un rocher, près du rivage,
Le batelet craque et se fend ;
Ils sont trois jetés sur la plage ;
Mais Dieu n'a sauvé que l'enfant.

Mme Sophie Hue.

A LA JEUNESSE

Dédicace du poëme d'HERMANN.

On dit qu'impatients d'abdiquer la jeunesse,
Aux sordides calculs vous livrez vos vingt ans,
Qu'à moins d'un sang nouveau qui du vieux sol renaisse
La France et l'avenir ont perdu leur printemps.

A l'âge où nous errions, livre en main, sous la haie,
Tout prêts à dépenser notre cœur et nos jours,
On dit que vous savez ce que vaut en monnaie
L'heureux temps des chansons, des songes, des amours,

Que vous refuseriez l'amour et le génie,
Si Dieu vous les offrait avec la pauvreté,
Que vous n'auriez jamais pour la muse bannie
Un seul regret, pas plus que pour la liberté.

Mais je vous connais mieux ; malgré votre silence
Le poëte a parmi vous bien des secrets amis ;
D'autres vous ont cru morts et vous pleurent d'avance,
Frères de Roméo, vous n'êtes qu'endormis !

Qu'importe un jour d'attente, une heure inoccupée,
Tous vos lauriers d'hier peuvent encor fleurir,
Vous qui portiez si bien et la lyre et l'épée,
Vous qui saviez aimer, vous qui saviez mourir !

Hier, une étincelle éveillait tant de flamme !
Hier, c'était l'espoir et non le doute amer ;
Un seul mot généreux, tombé d'une grande âme,
Vous soulevait au loin comme une vaste mer.

Aimez votre jeunesse, aimez, gardez-la toute !
Elle est de vos aînés l'espoir et le trésor ;
Portez-la fièrement sans en perdre une goutte,
Portez-la devant vous, comme un calice d'or.

A vous de mépriser ce qu'un autre âge envie,
Tout bien et tout renom qu'on acquiert sans efforts ;
Dieu vous a faits si fiers, si purs, si pleins de vie,
Pour les belles amours et pour les belles morts.

Venez donc, je vous suis, et nous volons ensemble,
Nous remontons le cours du temps précipité ;
Vous me faites revoir tout ce qui vous ressemble,
Toute chose où rayonne un éclair de beauté.

A LA JEUNESSE.

Avec vous, je suis jeune ; avec vous, j'ai des ailes,
Vos ailes de vingt ans, l'espérance et la foi,
Ces deux vertus des forts qui vous restent fidèles,
Me rouvrent votre Éden, déjà trop loin de moi ;

Non pour cueillir sans fin la fleur d'or sur les landes,
Pour perdre nos printemps à tresser dans les bois,
A nouer de nos mains tant de folles guirlandes
Qui, l'automne arrivé, nous pèsent quelquefois.

Non ! c'est pour y tenter la cime inaccessible
Où les héros d'Arthur[1] cherchaient le saint Gréal !
A vous, audacieux qui pouvez l'impossible,
A vous d'y découvrir, d'y ravir l'idéal !

Faisons, si vous voulez, ce périlleux voyage,
Loin du sentier banal où notre ardeur se perd,
Montons, pour respirer la pureté sauvage,
L'héroïque vigueur qu'on retrouve au désert.

Là, vous évoquerez les héros et les sages,
Vous y respirerez leur âme et leur vertu.
Gardez dans votre cœur leurs augustes images,
Haïssez avec eux ce qu'ils ont combattu.

Puis, sans vous arrêter, même à ces temps sublimes,
Au réel trop étroit par votre essor ravis,
Toujours plus haut, toujours plus avant sur les cimes
Lancez dans l'idéal vos cœurs inassouvis !

1. Les *Chevaliers de la table ronde.*

Plus haut! toujours plus haut, vers ces hauteurs sereines
Où nos désirs n'ont plus de flux et de reflux,
Où les bruits de la terre, où le chant des sirènes,
Où les doutes railleurs ne nous parviennent plus !

Plus haut dans le mépris des faux biens qu'on adore,
Plus haut dans ces combats dont le ciel est l'enjeu,
Plus haut dans vos amours! montez, montez encore,
Sur cette échelle d'or qui va se perdre en Dieu !

VICTOR DE LAPRADE

JEANNE D'ARC

AU JEUNE SOLDAT

Tu m'aimas d'enfance et je viens t'apprendre
A chasser bien loin tes noirs assaillants;
Garde un esprit fier dans une âme tendre,
Les cœurs les plus purs sont les plus vaillants.

Tu viens comme au pied d'un autel qui brille
Devant mon bûcher te mettre à genoux,
Pourquoi dans ton cœur, mon nom d'humble fille
Entre les plus grands est-il le plus doux?

JEANNE D'ARC.

C'est qu'au saint appel j'ai dit sans murmure
A ma mère en pleurs un suprême adieu,
Pour aller porter sous ma blanche armure,
L'âme de la France et l'esprit de Dieu.

Dieu m'a tout donné, ma force et mes armes,
Pour les grands combats là-haut résolus ;
Je n'avais à moi que mes douces larmes,
Et mon faible cœur,... tu n'as rien de plus !

J'ai lu dans toi-même au pied de ces chênes,
Où tu viens rêver encore aujourd'hui ;
Ton âme, inégale aux luttes prochaines,
Ne peut rien sans Dieu..... mais tout avec lui !

Cherche donc ta force et ton vrai courage,
Dans l'ardent amour au pied de l'autel,
Dans l'esprit qu'exhale, au jour de l'orage,
Un peuple embrasé par le vent du ciel.

Que ta lèvre pure et la vie entière
Devant l'ennemi proclament ta foi ;
Puis, tenant bien haut ma sainte bannière,
Au fort du combat pénètre avec moi !

VICTOR DE LAPRADE.

LA VACHE

Nous avions sur le pont, durant ce long voyage,
Une vache au flanc roux qui, de son pur laitage,
Abreuvait une femme et deux frêles jumeaux,
Bercés dans un hamac par le roulis des eaux.
Du vaste azur des mers partout environnée,
Elle voguait pensive, inquiète, étonnée.
Morne, elle regrettait, sur le plancher mouvant,
La plaine qui jamais n'ondule sous le vent,
Et les gazons connus, verts tapis de la terre;
C'était pitié de voir son chagrin solitaire.
Après quarante jours de deuil silencieux,
D'une clameur sonore elle frappa les cieux,
Tressaillit, dilata son épaisse narine,
Et respira le vent de toute sa poitrine.
Les matelots soudain gravirent au hunier,
« Que voit-on de là-haut ? » cria le timonier.
« Rien, lui répondit-on, pas de côte entrevue. »
Qu'importe à l'instinct sûr qui devance la vue ?
O terre encor lointaine, en son pressentiment,
Elle te saluait de ce mugissement !

J. AUTRAN.

CHANSONS DU SOIR

Après un jour d'été, quand la ville s'endort,
Qu'elle étouffe l'écho de ses rumeurs dernières ;
Quand les lampes du soir, dans les maisons du port
S'allument, et sur l'eau projettent leurs lumières.

Le long des quais obscurs, il est doux d'écouter,
Dans cet apaisement des heures recueillies,
Les airs que les marins se plaisent à chanter
D'une âme enfin rendue à ses mélancolies.

Préludant au sommeil qui va bientôt venir,
Ce chant dont la tristesse à temps égaux s'exhale,
Pour chaque matelot est comme un souvenir,
Comme une vision de la terre natale.

Marqué de son accent, chaque peuple a le sien,
L'Anglais un rhythme dur, mêlé de quelque ivresse,
L'Espagnol un refrain pieux, l'Italien
Des couplets que l'amour emmielle de tendresse.

Mais, entre ces accords, à mon gré le plus doux,
C'est l'air vague et plaintif, la sourde cantilène,
Que les matelots grecs, hôtes fréquents chez nous,
Chantent sur leur navire, assis vers la poulaine.

Sans varier d'un son, d'où viens-tu, chant si vieux,
Héritage flottant qu'un siècle à l'autre envoie ?
Est-il vrai, matelots, que déjà vos aïeux,
  Le chantaient en partant pour la guerre de Troie ?

J. Autran.

TABLEAU

Dans un grand fauteuil, l'aïeule est assise,
Et l'humble foyer flambe en petillant,
Près d'elle accroupie, une chatte grise
Fixe sur la flamme un œil scintillant.

La dame médite un verset biblique ;
Sur ses deux genoux le livre est ouvert.
La chatte, plissant sa paupière oblique,
Près de s'endormir, cligne son œil vert.

Et l'aïeule aussi, d'idée en idée,
Vers la sainte page, après maint effort,
Penche lentement sa tête ridée,
La lève en sursaut, puis cède et s'endort.

La dame sourit, la chatte frissonne ;
Chacune a son rêve et remue un peu ;
La chatte au grenier guerroie et moissonne,
La dame est au ciel et cause avec Dieu !

Et la vieille horloge au mur se balance,
Mesurant chaque heure au sommeil humain,
Et seule, au milieu du profond silence,
Avec un bruit sec poursuit son chemin.

Eugène Manuel.

MYTHOLOGIE

La chambre sous les toits était petite et sombre,
Et racontait aux yeux tout un passé de maux.
On voyait, près du mur, face à face dans l'ombre,
Sous leurs rideaux à fleurs, deux pauvres lits jumeaux.

Près des meubles flétris, reliques d'un autre âge,
S'étalaient au hasard, sur le marbre ou le bois,
Quelques vieux souvenirs, épaves d'un naufrage,
Cristaux jadis entiers, bouquets frais autrefois.

Deux pastels suspendus aux tentures fanées
Dans leurs cadres ternis souriaient tristement;
Jeune homme dans l'éclat de ses vertes années,
Jeune blonde poudrée au visage charmant!

On avait couché-là, dans l'étroite demeure,
Deux ombres, deux vieillards, la femme et le mari;
Tous deux, le même jour et presqu'à la même heure,
Avaient senti la mort; tous deux avaient souri.

Rien n'avait séparé leur vie et leur fortune,
Durant la longue route et les soucis pesants;
Ils avaient, dépassant la mesure commune,
Elle soixante-seize et lui quatre-vingts ans.

Ils étaient sans amis, sans enfants, sans un être
Qui fût par leurs regards doucement caressé;
Hélas! qui vit longtemps voit beaucoup disparaître;
Les destins avaient tout repris ou dispersé.

Ils vivaient, comme vit la misère cachée,
D'un maigre revenu qui défend de la faim;
Des choses d'ici-bas dès longtemps détachée,
Leur vieillesse avec joie aspirait à sa fin.

Un seul ennui troublait une amitié si tendre:
Mais ils se dérobaient leur mutuel effroi;
Dieu désunirait-il avant de les reprendre
Ce couple d'amoureux qui n'ont plus que leur foi?

Pas à pas cependant ils achevaient leur route,
L'un sur l'autre appuyés on les voyait venir,
S'affaiblissant tous deux sous l'âge qui les voûte,
Échangeant à mi-voix quelque vieux souvenir.

Un matin, l'un fléchit sous la suprême étreinte,
L'autre du même coup, fut frappée à l'instant;
On les coucha tous deux. Sans surprise et sans plainte,
Ils saluaient ce jour, heureux et le fêtant!

Leurs âmes pour partir sont déjà confondues,
Un calme plus qu'humain sur leurs vieux fronts se lit

Les yeux cherchant les yeux, les mains de loin tendues,
Ils causent doucement de l'un à l'autre lit.

« Ami, te souviens-tu de ce temps, disait-elle,
Où, lisant avec toi les antiques récits,
Jalouse de t'aimer d'une amour immortelle,
J'enviais, en pleurant, Philémon et Baucis ?

« O Dieu bon, disions-nous, qu'à notre heure dernière
Nous puissions l'un et l'autre échanger un regard !
Ne nous sépare point ! C'était notre prière ;
Prends-nous, jeunes ou vieux, mais unis au départ !

Le ciel nous fera-t-il cette grâce divine ?
Un nuage s'étend sur mon regard troublé :
Est-ce déjà la mort qui glace ma poitrine ?
Que sens-tu ? notre vœu va-t-il être comblé ?

— Ce que je sens ? dit-il, un sommeil, une ivresse,
Une étrange torpeur que je n'éprouvais pas.
Un poids semble monter à mon sein qu'il oppresse,
Et vers toi vainement je veux tendre mes bras ! »

Pourtant ce n'était pas le tilleul ou le chêne
Dont l'écorce croissante étouffait leurs efforts;
Ce qu'ils sentaient ainsi, c'était la fin prochaine,
C'était le froid mortel qui glissait dans leurs corps.

Un silence se fit dans la chambre paisible
D'où tout soin de la terre était déjà banni ;
Calmes, et se penchant vers le monde invisible,
Tous deux se recueillaient au seuil de l'infini.

Comme le flot qui meurt sur la plage déserte
Accoutume l'oreille à son bruit familier ;
On entendait sortir de leur lèvre entr'ouverte
Leur haleine plus lente au souffle régulier.

Une fois seulement, ils s'éveillent encore,
Elle dit : « A bientôt ! » — Il murmure : « au revoir ! »
Une vieille voisine, humble âme qui s'ignore,
Taciturne témoin, les veilla jusqu'au soir.

Dormez en paix, vieillards ! Plus d'un cœur vous envie,
Vous qu'un même instant couche en un double linceul ;
Vous n'aurez pas connu le tourment de la vie,
Survivre à ce qu'on aime, et se retrouver seul !

Eugène Manuel.

LA CHANTEUSE

La pauvre enfant, le long des pelouses du bois,
Mendiait : elle avait des larmes véritables ;
Et d'un air humble et doux, joignant ses petits doigts,
Elle courait après les âmes charitables.

Elle allait aux passants, les suivait pas à pas,
Et disait, sans changer un mot, la même histoire,
De celles qu'on écoute et que l'on ne croit pas,
r notre conscience aurait trop peur d'y croire!

LA CHANTEUSE.

Elle voulait un sou, du pain, rien qu'un morceau !
Elle avait, je ne sais dans quelle horrible rue,
Des parents sans travail, des frères au berceau,
La famille du pauvre à peine secourue !

Puis, qu'on donnât ou non, elle essuyait ses pleurs,
Et s'en retournait vite aux gazons pleins de mousse,
S'amusait d'un insecte, épluchait quelques fleurs,
Des taillis printaniers brisait les jeunes pousses,

Et chantait ! le soleil riait dans sa chanson,
C'était quelque lambeau des refrains populaires ;
Et pareille au linot, de buisson en buisson,
Elle lançait au ciel ses notes les plus claires.

O souffle des beaux jours ! mystérieux pouvoir
D'un rayon de soleil et d'une fleur éclose !
Ivresse d'écouter, de sentir et de voir,
Enchantement divin qui sort de toute chose !

L'enfant, au renouveau, peut-il gémir longtemps ?
Le brin d'herbe l'amuse et la feuille l'attire !
Sait-on combien de pleurs peut sécher un printemps,
Et le peu dont le pauvre a besoin pour sourire ?

Je la regardais vivre et l'entendais de loin ;
Comme un fardeau que pose un enfant qui s'arrête,
Elle allégeait son cœur, se croyant sans témoin,
Et les senteurs d'avril lui montaient à la tête !

Puis bientôt, s'éveillant, prise d'un souvenir,
Elle accostait encor les passants, triste et lente ;
Son visage à l'instant savait se rembrunir,
Et sa voix se traînait et larmoyait dolente !

Mais quand elle arriva vers moi, tendant la main,
Avec ses yeux mouillés et son air de détresse;
« Non, lui dis-je, va-t-en! et passe ton chemin !
Je te suivais, il faut pour tromper, plus d'adresse.

Tes parents t'ont montré cette douleur qui ment.
Tu pleures maintenant : tu chantais tout à l'heure. »
L'enfant leva les yeux et me dit simplement,
« C'est pour moi que je chante et pour eux que je pleure ! »

Eugène Manuel.

LA PLACE DU PAUVRE

J'aime ce vieil usage observé des Hébreux,
Et qui fait pardonner leur bonheur aux heureux.
Le soir, quand la famille, à table réunie,
Par l'aïeul en prière à voix haute est bénie,
Quand les nombreux enfants, jeune essaim bourdonnant,
Ont baisé tour à tour son grand front grisonnant
Et cherché du regard la servante attardée,
Toujours pour quelque pauvre une place est gardée ;
C'est lui que l'on attend, lui qui paraît au seuil,
Lui sale et misérable, à qui l'on fait accueil.

C'est tantôt un savant silencieux et grave,
Qui trahit un long jeûne au feu de son œil cave ;

Ou bien un mendiant dans son caftan râpé,
De Ghettos inconnus voyageur échappé,
Et qui, tombé si bas, de mécompte en mécompte,
Qu'il ne sait même plus ce que c'est que la honte,
Courbe, en entrant, son dos servile et dégradé,
Étonné d'obtenir sans avoir demandé !
Tantôt, c'est un enfant orphelin qu'on assiste,
Et les autres petits contemplent d'un air triste
Le mince vêtement par place déchiré
Et le morceau de pain si vite dévoré,
Et le coup d'œil qu'il jette aux choses succulentes.

Parfois c'est un infirme aux réponses dolentes,
Qui fait gémir son mal et vit de charité ;
Ou bien l'étudiant de passage invité,
Qui se heurte et s'assied sans déposer son livre,
Admire le dressoir et la lampe de cuivre,
Et la nappe aux longs plis, et la Juive aux grands yeux,
Sourit, timide et gauche, aux jeunes comme aux vieux,
Et raconte, sans perdre une seule bouchée,
Loin du pays natal, sa misère cachée.

Chaque soir on accueille, avec même bonté,
L'hôte obscur, quel qu'il soit, et nul n'est écarté.
On l'a trouvé sans peine au temple ou sur la route,
Et sans l'humilier, on lui parle, on l'écoute.
On dit : « Béni Celui par qui vous nous venez !
Cette table est à vous : mangez ! buvez ! prenez ! »
Quand il part, dans sa main, à l'ombre de la porte,
La mère vient poser quelque mets qu'il emporte,
Ou la pièce d'argent qu'il accepte humblement,
Ou roulé par avance un plus chaud vêtement.

Ah ! si nous revenions à l'antique coutume,
Les pauvres gens au cœur auraient moins d'amertume,

Et l'opulent foyer serait comme un saint lieu,
Car la place du pauvre est la place de Dieu !

Eugène Manuel.

LA TANTE

Elle était très-âgée, on l'appelait *ma Tante;*
Sur la terrasse en fleurs que la vigne flottante
    Défend du côté du chemin,
Tandis qu'un bon sourire éclairait son visage,
Elle aimait à guetter tous les gueux au passage
    Pour de loin leur tendre la main.

Sans craindre le danger de leur donner asile
Elle les couvrait tous de sa bonté tranquille :
    « Que me parlez-vous donc d'abus ?
« Ces pauvres gens sont miens ; ils n'ont que moi ; les autres
« Ne me regardent plus du moment qu'ils sont vôtres,
    « Et je ne prends que vos rebuts. »

Hélas ! piété sainte, adorable tendresse,
Cœur naïf débordant sous l'amour qui le presse
    D'une si pure charité ;
Pauvre tante au front blanc qu'on enterrait naguères ;
Elle avait vu partir au temps des grandes guerres
    Son fiancé tant regretté.

Et vainement, jusqu'à son dernier jour fidèle,
Elle avait attendu de lui quelque nouvelle,
   Il n'était jamais revenu.
Humble héros de nos fastes patriotiques,
Il était de ces morts au bas des statistiques,
   Dont on dit : *décès inconnu !*

Sans doute le besoin d'un souper ou d'un gîte,
Le manque de secours qu'il aurait fallu vite,
   Du blessé hâtèrent la fin.
Toujours elle y pensait, et chaque pauvre blême
Lui ramenait au cœur ce mot, toujours le même,
   « Peut-être, en mourant, il eut faim. »

Louisa Siefert.

PETITE SŒUR

Près de la ronde inattentive
Qui poussait d'éclatants hourras,
Je la voyais passer, furtive,
Ayant son petit frère aux bras.

Elle avait huit ans, et chétive,
Elle pliait à chaque pas ;
Sa démarche était si craintive
Qu'on eût dit qu'elle n'osait pas.

Aux cris de la bande mutine
Elle serrait sur sa poitrine
Son pauvre cher petit bébé,

Et déjà son grand œil plombé
Avait, sans les larmes amères,
Le long regard des pauvres mères.

Louisa Siefert.

ENFANTINE

> « Elle excuse tout, elle croit tout, elle espère tout, elle supporte tout.
> » I, Corinthiens, XIII. »

La grand'mère s'était assise, avait tiré
Le saint livre du vieil étui tout déchiré,
Avait pris dans saint Paul à la première épître
Dite « aux Corinthiens » le treizième chapitre,
Avait placé le livre ouvert sur ses genoux,
Puis appelé près d'elle avec un ton très-doux
Son petit-fils. L'enfant, de ses lèvres pourprées,
Épelait lentement les syllabes sacrées.
Il apprenait à lire et soupirait souvent
De prendre tant de peine à devenir savant,

Au lieu de s'amuser et faire du tapage,
Et de tant s'appliquer sur cette grande page
Où tous les mots semblaient de la moitié plus longs,
Au lieu d'aller courir après les papillons.
Mais tout en soupirant il en était à lire
Le septième verset, lorsque avec un sourire,
Détachant ses regards du livre de la foi :
« O grand'mère, dit-il, la charité, c'est toi ! »

Louisa Siefert.

CREDO

Seigneur, je crois en toi, je crois en ta clémence,
    Je crois en ton cœur paternel
Qui couvre l'univers d'un amour vaste, immense,
    Et comme sa source éternel.
Mais je crois avant tout à ta sainte justice.
    Si jamais le crime est vainqueur,
Ta loi veut que sur lui ton bras s'appesantisse ;
    Tu t'es nommé le Dieu vengeur.
Toi, dont le souffle éteint les soleils dans l'espace
    Ou les rallume devant toi,
Tu ne souffriras pas qu'une lettre s'efface
    Du livre sacré de ta loi.
Ta justice est le centre et le soleil du monde ;
    Ta main la mit comme un fanal

Aux confins du néant et de la nuit profonde
  Pour séparer le bien du mal.
Le jour où ce soleil éteindrait sa lumière,
  Les cieux n'auraient plus de pivots,
Et les mondes sans peine crouleraient en poussière
  Dans les abîmes du chaos.

EDOUARD GRENIER.

TABLE

		Pages.
Préface...		VI
Le Retour du beau temps.........	Charles d'Orléans.......	1
Épitaphe de Laure................	François Ier............	2
Le Lieutenant-criminel.........	Clément Marot..........	3
Épître au roi François Ier......	Id...............	3
Sonnet....................	Joachim du Bellay.......	7
Sonnet....................	Id................	8
Sonnet....................	Étienne de La Boétie.....	9
Quatrains................	Pibrac................	10
Inscription proposée pour une statue de Jeanne d'Arc......	Marie de Gournay.......	13
A Cassandre..............	Ronsard...............	13
L'Amour piqué par une abeille.	Id................	14
Adieux de Marie Stuart à la France................	Marie Stuart...........	16
L'Homme des champs........	Vauquelin de La Fresnaye	17
Entrée des rois dans leurs villes (Poëme des Tragiques)......	Agrippa d'Aubigné........	21

		Pages.
Le Jugement dernier (Poëme des Tragiques)...............	Agrippa d'Aubigné........	22
Prière à Dieu pour l'Église (Poëme des Tragiques)............	Id..................	25
Sonnet.....................	J. B. Chassignet........	27
Paraphrase du psaume CXLV	Malherbe..............	28
Stances à M. du Perrier sur la mort de sa fille	Id..................	29
Stances....................	Racan................	30
Sonnet.....................	Ogier de Gombault.......	33
Sonnet.....................	François Maynard.......	34
Sonnet.....................	Desbarreaux...........	35
Un mourant	Patrix................	36
Paraphrase d'un chapitre de l'*Imitation de J.-C.*	Corneille.............	37
Stances de Polyeucte.........	Id..................	40
Au Roi.....................	Id..................	42
Stances à une marquise.......	Id..................	44
Rondeau	Chapelle	46
Récit de Rodrigue (Cid).......	Corneille.............	47
Sonnet à M. La Mothe Le Vayer	Molière...............	49
Allégorie...................	Mme Deshoulières.......	50
Satire du dîner..............	Boileau...............	52
Épître à Lamoignon	Id..................	60
Combat des chanoines (Lutrin)..	Id..................	65
Le Vieillard et les trois jeunes hommes..................	La Fontaine...........	67
Les Animaux malades de la peste	Id..................	68
Les Deux pigeons............	Id..................	70
Le Paysan du Danube.........	Id..................	73
Le Savetier et le financier.....	Id..................	76
Épitaphe sur lui-même........	Id..................	78
Le Combat du chrétien	Racine................	78
Songe d'Athalie..............	Id..................	79

TABLE.

		Pages.
Chœur d'Athalie............	Racine...............	81
Prophétie de Joad (Athalie)....	Id...............	84
Chœur d'Esther............	Id...............	86
Récit de Théramène (Phèdre)...	Id...............	90
Imitation du cantique d'Ezéchias	J. B. Rousseau..........	92
Ode à la fortune............	Id...............	95
Épigramme sur La Harpe......	E. Lebrun............	97
Les Cieux, la terre et la mer (Poëme de la religion)......	Louis Racine...........	98
Visite d'Henri IV aux Champs-Élysées (Poëme de la Henriade)	Voltaire.............	100
L'Immensité des cieux (Poëme de la Henriade)...........	Id...............	104
L'Immortalité de l'âme.......	Id...............	105
Ode sur la mort de J. B. Rousseau..................	Lefranc de Pompignan.....	106
Adieux à la vie............	Gilbert.............	109
Le Jugement dernier.........	Id................	111
Le Voyage................	Florian.............	114
Le Bonhomme et le trésor.....	Id................	115
Le Calife................	Id................	118
Iambes..................	André Chénier.........	119
La Jeune captive...........	Id................	121
L'Orage (Poëme des saisons)....	Saint-Lambert..........	123
Les Catacombes de Rome......	Delille..............	124
Fragment du poëme sur l'Astronomie.................	Fontanes.............	128
Le Meunier de Sans-Souci.....	Andrieux............	132
La Feuille...............	Arnault.............	135
Le Tombeau du jeune laboureur	Chênedollé...........	135
Le Roi d'Yvetot............	Béranger............	137
Louis XI.................	Id................	139
Le Vieux caporal...........	Id................	141
La Sainte Alliance..........	Id................	143

		Pages.
La Chute des feuilles	MILLEVOYE	145
L'Arabe à son coursier	Id	147
L'Hippopotame et les insectes	VIENNET	149
Le Loup et les trois chiens	Id	150
La Vallée de Champrosay	P. LEBRUN	153
Le Ciel de la Grèce	Id	155
Moïse	ALFRED DE VIGNY	157
Regrets de Satan (Poëme d'Eloa)	Id	160
La Mort de Jeanne d'Arc	CASIMIR DELAVIGNE	161
La Pauvre fille	ALEX. SOUMET	164
L'Ange gardien	Mme AMABLE TASTU	166
Qu'est-ce donc que vieillir?	Id	170
Invocation	LAMARTINE	171
Hymne de la nuit	Id	176
Hymne du matin	Id	180
Pensée des morts	Id	188
Les Femmes souliotes	Id	196
Le Tombeau d'une mère	Id	200
Hymne à la mort	Id	203
Job } Poésie sacrée.	Id	209
Esaïe	Id	212
Ézéchiel	Id	215
Jérémie	Id	215
L'Enfant grec	VICTOR HUGO	218
Le Toit s'égaye et rit	Id	219
Les Feuillantines	Id	221
Napoléon II	Id	222
Les Bleuets sont bleus	Id	226
Les Pauvres gens	Id	227
Après la bataille	Id	233
A Villequier	Id	234
Autrefois	Id	237
Le Matin	Id	240
L'Enfance	Id	241

		Pages.
A la mère de l'enfant mort.....	Victor Hugo............	241
Le Revenant...............	Id................	243
La Nuit de décembre........	Alfred de Musset........	246
A M. Régnier, de la Comédie-Française, après la mort de sa fille..................	Id................	251
Tristesse..................	Id................	252
Espoir en Dieu.............	Id................	253
La Nuit de mai............	Id................	254
La Fermière...............	Hégésippe Moreau........	259
La Vieille fille.............	Mme Janvier...........	261
Qu'est-ce que vivre?........	Sainte-Beuve..........	264
Aux enfants qui ne sont plus...	Mme Desbordes-Valmore...	267
Un arc de triomphe.........	Id................	269
Séparation................	Mme d'Arbouville.......	271
Les Langes de Jésus.........	Reboul...............	273
Épisode de l'inondation (1856)..	Id................	275
Marie....................	A. Brizeux.............	276
Le Moustoir	Id................	278
Le Vase brisé	Sully Prudhomme........	279
Après la mort de Laure (imité de Pétrarque)................	Antony Deschamps........	280
Sonnet...................	Edmond Arnould........	281
Sonnet...................	Id................	281
Sonnet...................	Id................	282
Sur un tableau d'Antigna......	Jules de Gères..........	283
Dante....................	Auguste Barbier.........	284
La Petite maison............	A. M. Blanchecotte.....	286
La Branche de troëne.......	Id................	286
Travail...................	Id................	287
Midi.....................	Leconte de Lisle........	288
Les Bœufs................	Pierre Dupont..........	289
Les Deux cortéges...........	Joséphin Soulary.......	291
La Barque des pêcheurs.......	Mme Sophie Hue........	292

		Pages
A la jeunesse (Poëme d'Hermann)	VICTOR DE LAPRADE	293
Jeanne d'Arc au jeune soldat....	Id	296
La Vache.............	AUTRAN	298
Chansons du soir........	Id	299
Tableau.............	EUGÈNE MANUEL	300
Mythologie...........	Id	301
La Chanteuse.........	Id	304
La Place du pauvre......	Id	306
La Tante............	LOUISA SIEFFERT	308
Petite sœur..........	Id	309
Enfantines...........	Id	310
Credo..............	EDOUARD GRENIER	311

FIN DE LA TABLE.

PARIS. — IMPRIMERIE DE E. MARTINET, RUE MIGNON, 2.

EXTRAIT DU CATALOGUE
DE LA LIBRAIRIE HACHETTE ET Cie

Ouvrages pouvant former bibliothèque pour les jeunes filles de 14 à 18 ans

FORMAT IN-18 JÉSUS A 2 FR. 25 LE VOLUME

La reliure se paye en sus
Tranches jaspées, 1 fr. ; Tranches dorées, 1 fr. 25 c.

VOYAGES.

AUNET (Mme L. d') : *Voyage d'une femme au Spitzberg*. 1 vol. illustré de 35 vignettes.

BAINES (Thomas) : *Voyages dans le sud-ouest de l'Afrique*. 1 vol. contenant 1 carte et 22 vignettes.

BAKER : *Le lac Albert N'yanza*. 1 vol. avec 20 vignettes et 2 cartes.

BALDWIN : *Du Natal au Zambèze, 1860-1861; récits de chasses*. 1 vol. illustré de 16 vignettes.

BURTON : *Voyages à La Mecque*. 1 vol. contenant 12 vignettes et 3 cartes.

CATLIN : *La vie chez les Indiens*, traduit de l'anglais. 1 vol. illustré de 25 vignettes.

HAYES (Dr J. J.) : *La mer libre du pôle*. 1 vol. contenant 14 gravures et 1 carte.

HERVE et de **LANOYE** : *Voyage dans les glaces du pôle Arctique*. 1 vol. illustré de 40 vignettes.

LANOYE (Ferd. de) : *Ramsès le Grand, ou l'Égypte il y a trois mille trois cents ans*. 1 vol. illustré de 40 vignettes.
— *Le Nil et ses sources*. 1 vol. illustré de 32 vignettes et de cartes.
— *La Sibérie*. 1 vol. illustré de 40 vignettes.
— *Les grandes scènes de la nature*. 1 vol. illustré de 40 vignettes.
— *La mer polaire, voyage de l'Érèbe et de la Terreur, et expédition à la recherche de Franklin*. 1 vol. illustré de 26 vignettes et accompagné de cartes.

LIVINGSTONE (David et Charles) : *Voyages dans l'Afrique australe*. 1 vol. contenant 1 carte et 20 vignettes.

MOUHOT (Charles) : *Voyage dans le royaume de Siam, le Cambodje et le Laos*, contenant 1 carte et 28 vignettes.

PALGRAVE (W.-G.) : *Une année dans l'Arabie centrale*. 1 vol. avec un portrait et une carte.

PERRON D'ARC : *Aventures en Australie, neuf mois chez les Nagarnooks*. 1 vol. illustré de 24 vignettes.

PFEIFFER (Mme Ida) : *Voyages autour du monde*, contenant 1 carte et 20 vignettes.

PIOTROWSKI : *Souvenirs d'un Sibérien*. 1 vol. illustré de 10 gravures.

SPEKE : *Les sources du Nil*. 1 vol. illustré de 24 vignettes et 3 cartes.

VAMBERY (Arminius) : *Voyage d'un faux derviche dans l'Asie centrale*. 1 vol. illustré de 16 vignettes et une carte.

HISTOIRE.

LE LOYAL SERVITEUR : *Histoire du gentil seigneur de Bayard*, revue et abrégée, à l'usage de la jeunesse, par Alph. Feillet. 1 vol. illustré de 36 vignettes.

MONNIER (Marc) : *Pompéi et les Pompéiens*, Édition à l'usage de la jeunesse. 1 vol. illustré de 20 vignettes.

PLUTARQUE : *Les Grecs illustres*, édition abrégée sur la traduction de M. E. Talbot, par Alph. Feillet. 1 vol. illustré de 40 vignettes.
— *Les Romains illustres*, édition abrégée par A. Feillet sur la traduction de M. Talbot. 1 vol. illustré de 50 vignettes.

RETZ (cardinal de) : *Mémoires* abrégés par Alph. Feillet, et illustrés de 30 vignettes. 1 vol.

LITTÉRATURE.

BERNARDIN DE SAINT-PIERRE : *Œuvres choisies*. 1 vol. illustré de 20 vignettes.

CERVANTES : *Histoire de l'Admirable don Quichotte de la Manche*, édition à l'usage de la jeunesse. 1 vol. illustré de 54 vignettes.

HOMERE : *L'Iliade et l'Odyssée*, traduites par P. Giguet, abrégées par Alph. Feillet, et illustrées de 33 vignettes sur bois. 1 vol.

LE SAGE : *Aventures de Gil Blas*, édition destinée à l'adolescence, et illustrée de 42 vignettes. 1 vol.

MAC-INTOSCH (Missa) : *Contes américains*, traduits par Mme Dionis. 2 vol. illustrés de 120 vignettes.

MAISTRE (Xavier de) : *Œuvres choisies*. 1 vol. illustré de 20 vignettes.

MOLIERE : *Œuvres choisies*, abrégées à l'usage de la jeunesse. 2 vol. illustrés de 22 vignettes.

VIRGILE : *Œuvres choisies*, traduites et abrégées à l'usage de la jeunesse, par Th. Barreau et Alph. Feillet. 1 vol. illustré de 20 vignettes.

PARIS. — IMPRIMERIE DE E. MARTINET, RUE MIGNON, 2.

EXTRAIT DU CATALOGUE
DE LA LIBRAIRIE HACHETTE ET Cie

Ouvrages pouvant former bibliothèque pour les jeunes filles de 14 à 18 ans

FORMAT IN-18 JÉSUS A 2 FR. 25 LE VOLUME

La reliure se paye en sus

Tranches jaspées, 1 fr. ; Tranches dorées, 1 fr. 25 c.

VOYAGES.

AUNET (Mme L. d') : *Voyage d'une femme au Spitzberg*. 1 vol. illustré de 35 vignettes.

BAINES (Thomas) : *Voyages dans le sud-ouest de l'Afrique*. 1 vol. contenant 1 carte et 22 vignettes.

BAKER : *Le lac Albert, N'yanza*. 1 vol. avec 20 vignettes et 2 cartes.

BALDWIN : *Du Natal au Zambèze, 1860-1861; récits de chasses*. 1 vol. illustré de 16 vignettes.

BURTON : *Voyages à La Mecque*. 1 vol. contenant 12 vignettes et 3 cartes.

CATLIN : *La vie chez les Indiens*, traduit de l'anglais. 1 vol. illustré de 25 vignettes.

HAYES (Dr J. J.) : *La mer libre du pôle*. 1 vol. contenant 14 gravures et 1 carte.

HERVE et de **LANOYE** : *Voyage dans les glaces du pôle Arctique*. 1 vol. illustré de 40 vignettes.

LANOYE (Ferd. de) : *Ramsès le Grand, ou l'Égypte il y a trois mille trois cents ans*. 1 vol. illustré de 40 vignettes.

— *Le Nil et ses sources*. 1 vol. illustré de 32 vignettes et de cartes.

— *La Sibérie*. 1 vol. illustré de 40 vignettes.

— *Les grandes scènes de la nature*. 1 vol. illustré de 40 vignettes.

— *La mer polaire, voyage de l'Érèbe et de la Terreur, et expédition à la recherche de Franklin*. 1 vol. illustré de 26 vignettes et accompagné de cartes.

LIVINGSTONE (David et Charles) : *Voyages dans l'Afrique australe*. 1 vol. contenant 1 carte et 20 vignettes.

MOUHOT (Charles) : *Voyage dans le royaume de Siam, le Cambodje et le Laos*, contenant 1 carte et 28 vignettes.

PALGRAVE (W.-G.) : *Une année dans l'Arabie centrale*. 1 vol. avec un portrait et une carte.

PERRON D'ARC : *Aventures en Australie, neuf mois chez les Nagarnooks*. 1 vol. illustré de 24 vignettes.

PFEIFFER (Mme Ida) : *Voyages autour du monde*, contenant 1 carte et 20 vignettes.

PIOTROWSKI : *Souvenirs d'un Sibérien*. 1 vol. illustré de 10 gravures.

SPEKE : *Les sources du Nil*. 1 vol. illustré de 24 vignettes et 3 cartes.

VAMBERY (Arminius) : *Voyage d'un faux derviche dans l'Asie centrale*. 1 vol. illustré de 16 vignettes et une carte.

HISTOIRE.

LE LOYAL SERVITEUR : *Histoire du gentil seigneur de Bayard, revue et abrégée, à l'usage de la jeunesse*, par Alph. Feillet. 1 vol. illustré de 36 vignettes.

MONNIER (Marc) : *Pompéi et les Pompéiens*, Édition à l'usage de la jeunesse. 1 vol. illustré de 20 vignettes.

PLUTARQUE : *Les Grecs illustres*, édition abrégée sur la traduction de M. E. Talbot, par Alph. Feillet. 1 vol. illustré de 40 vignettes.

— *Les Romains illustres*, édition abrégée par A. Feillet sur la traduction de M. Talbot. 1 vol. illustré de 50 vignettes.

RETZ (cardinal de) : *Mémoires abrégés* par Alph. Feillet, et illustrés de 30 vignettes. 1 vol.

LITTÉRATURE.

BERNARDIN DE SAINT-PIERRE : *Œuvres choisies*. 1 vol. illustré de 20 vignettes.

CERVANTES : *Histoire de l'Admirable don Quichotte de la Manche*, édition à l'usage de la jeunesse. 1 vol. illustré de 54 vignettes.

HOMÈRE : *L'Iliade et l'Odyssée*, traduites par P. Giguet, abrégées par Alph. Feillet, et illustrées de 33 vignettes sur bois. 1 vol.

LE SAGE : *Aventures de Gil Blas*, édition destinée à l'adolescence, et illustrée de 42 vignettes. 1 vol.

MAC-INTOSCH (Missa) : *Contes américains*, traduits par Mme Dionis. 2 vol. illustrés de 120 vignettes.

MAISTRE (Xavier de) : *Œuvres choisies*. 1 vol. illustré de 20 vignettes.

MOLIÈRE : *Œuvres choisies*, abrégées à l'usage de la jeunesse. 2 vol. illustrés de 22 vignettes.

VIRGILE : *Œuvres choisies*, traduites et abrégées à l'usage de la jeunesse, par Th. Barreau et Alph. Feillet. 1 vol. illustré de 20 vignettes.

PARIS. — IMPRIMERIE DE E. MARTINET, RUE MIGNON, 2.

www.ingramcontent.com/pod-product-compliance
Lightning Source LLC
Chambersburg PA
CBHW060657170426
43199CB00012B/1826